JN168262

シャルロット・ロベスピエールの回想録をひもとく

Portrait de Charlotte Robespierre

マリ・くにこ
Kuniko Mari

文芸社

フランス革命とは何だったのか、革命の渦潮と狂気は人々をどのように翻弄し、そこに生きる人々に何をもたらしたのか、改めて知らされた気がします。この赤裸々な回想録は混乱した社会秩序が一人の気高い女性に与えたあまりにも過酷な運命を数百年後の私たちに、鮮明に伝えてくれています。歴史的にも貴重な資料だと思います。

公認会計士　小早川久佳

はじめに

十八世紀、列強王国が角を突き合わせるヨーロッパに激震を走らせ、おそらくその後の世界史を大きく書き換えたと思われるフランス大革命、この出来事は我が国でも従来深い関心が持たれており、多くの著書が出版され、また小説や映画や劇、ミュージカルの題材ともなっています。

しかしそんな晴れの舞台で脚光を浴びている登場人物はごく限られているようです。

誰もが真っ先にあげるのは王妃マリー・アントワネット、国王ルイ十六世、また後に皇帝の位にまで登りつめたナポレオン・ボナパルト、彼らが光として、あるいは影として大きな役割を演じたことは確かでしょうが、フランス革命にはもっと多くの人々が身を投じ、もしくは巻き込まれて、歴史の一片となってその激流に運ばれ、消えていったことは言うまでもありません。

その革命をになない、指導者として闘い続けた人物の一人が、今日なおその人物評価について意見が真二つに分かれ、討論の絶えないロベスピエールです。

彼は果たして革命の聖なる原理のために命を捧げた殉教者だったのか、はたまた血に飢えた悪魔だったのか？

この点につき、フランスでは現在でも激論が闘わされ、彼を肯定するか否定するかという問題が、そのままフランスの現体制や政治への賛否に結びついているほどなので、彼は決して過去の人物ではなく、現在も存在し続けているという興味深い現象が私たちの前に浮かび上がってきます。

とはいえ我が国においては、一般に、ロベスピエールは独裁者で恐怖政治をやった、と簡単に片付けられているようです。

確かに今の日本の政治的・経済的諸問題の解決のためのヒントが十八世紀のフランスの市民革命にあるとは考え難いのですが、もし視点を政治的見地から、一人の人間の人生についての考察へとシフトさせたなら、私たちはいくつかの面白い新発見に出会うのではないでしょうか？

私は、このロベスピエールという人物を主題として、『ロベスピエールの来訪』（二〇一〇年、文芸社刊）という戯曲を書きました。

あの非業の死を遂げた革命家がもし現代の日本に現れたなら、どんなことを言っただろうか？　と私なりに色々想像をめぐらし、一つの物語を作り出してみました。

しかし、今回本書で取り上げようとしている人物は彼ではなく、彼の妹シャルロット・ロベスピエール（Charlotte Robespierre）なのです。

彼女については、日本ではおそらく知る人ぞ知るで、関心を持たれるどころかほとんど存在さえ知られていないようです。

けれども革命の指導者として壮絶な闘いを続けた一人の男を兄に持ち、その兄の処刑後は、世間の厳しい攻撃と貧困に耐えながら、パリの片隅で独り生き続けた薄幸の女性の生涯に、私は同じ女性として深い関心を寄せずにはいられません。

そのシャルロットは二人の兄弟についての回想録を残しており、そのMémoiresは歴史的価値もさることながら、一人の女性の飾らぬ内面を見つめるという点で、大変面白く味わい深いというのが私の感想でした。

そこで本書の読者の皆様と一緒に、そのMémoiresのページを繰りながら、シャルロットの目線に立って、十八世紀末のフランスの激動の中を歩んでみたいと考え、一九〇九年頃出版されたらしい崩壊寸前のような古本を開き、パソコンに向かいました。

皆様が本書を読み終えて後、少しでも心に残るような旅をしたと感じていただければ、とても幸せに存じます。

シャルロット・ロベスピエールは一七六〇年二月、代々が弁護士の家に、兄マクシミリヤン・ロベスピエール（Maximilien Robespierre）の二歳下の妹として生まれました。

幼くして母と死別、間もなく、父は子供たちを捨てて放浪の旅に出てしまい、その後子供たちは親類の家に預けられて育ちます。

長男のマクシミリヤンは、父親代わりとして幼い兄弟・姉妹の面倒をみることになります。

彼女の兄と弟はともに、テルミドール（共和暦熱月、七月十九日～八月十七日）の政変で反逆者として処刑され、その後彼女は恐怖のあまり母の実家の姓を名乗って身を潜めますが（この事実は回想録の中では触れられていません）、密告によって逮捕され投獄されます。

十五日間の拘留の後釈放され、身寄りを失ったシャルロットをロベスピエール兄弟の友人の一人でかつて運送業者を営んでいたマトン（Mathon）が、あたたかく受け容れてくれました。

その家の一室で彼女は暮らし続け、生活費を稼ぐためにレース細工の仕事を始めます。

時は流れ、彼女に好意を持ってくれていた数少ない人々も相次いで亡くなり、一八二七年にはマトンも死去、寂しさと絶望の底に沈んでいた彼女を救ったのは、一人の青年、アルベール・ラポヌレイエ（Albert Laponneraye）でした。

ラポヌレイエは一八〇八年五月八日ツールで生まれました。

社会主義の活動家であるジャーナリストだった彼は、王政復古（一八一四〜一八三〇）のもとでもなおジャコバンの政治思想を貫き、ジャーナリストとして抵抗を続け、王政復古が押しつぶしてしまった人々の革命精神の鼓舞に努めます。

彼はまた出版のみならず、パリの街で労働者たちを集め、ジャコバン思想の講座を無料で行います。

ゆえに彼は絶えず警察に追われ、裁判では有罪判決を受け、何度も投獄され、多額の罰金を背負い、さらに妹を養わねばならない、という状況でした。

ロベスピエールを崇拝していたラポヌレイエは、彼を支持する記事を書き、たまたまそれを読んだシャルロットが感激し、それがきっかけとなって、二人は劇的な出会いを果たすこととなります。

彼は彼女に、ロベスピエールの思い出を後世に残すよう強く勧め、自分の貧困状態をかえりみず、出版のための経済的支援まで申し出ます。

こうしてそれまで固く心を閉ざしていたシャルロットはついに筆を執りました。二人は頻繁に会い、ラポヌレイエのアドバイスを受けながら彼女は執筆を続けました。

この際彼は文章作成にも深く関わったと思われ、確証はないものの彼が手を入れたらしい形跡が見られ、たとえばシャルロットはよく書き間違いをしているらしいのですが、プロのジャーナリストを思わせる完璧な文章が現れるパラグラフが含まれているということです。

それはともかく七十歳を過ぎてから二十歳初めの青年の親密な協力で回想録を

したためるとは、女冥利に尽きますね！

シャルロットが死の数ヶ月前に（一八三四年二月）、四度目の投獄で収監されていたラポヌレイエ宛に送った手紙には、本当の母親のような熱い愛情があふれています。


ロベスピエールを弁護するこの回想録は、歴史的にも貴重なもので、数多くの歴史家が彼ら自身の歴史書を書く際の参考にしています。

それは当時一般に悪魔と信じられていた人物についてその彼の正反対な実像、人々が口を閉ざしていたであろう事実の数々に、彼の身内という立場で日の光を当てたからでしょう。

しかしシャルロットが、必ずしも中立的な態度で正確に史実を述べているというわけではありません。

彼女は一人の女性として自分の悲しみや苦しみを率直に語っていますが、言いたくない事柄には口を閉ざしたり、子供たちを捨てた父のことをただ美化していたり、兄弟を愛するあまり、彼らとの不和の原因をあまねく対立した女性たちのせいにするとか、必ずしも客観的で冷静な判断をしているとは思えない節もあります。

しかし一人の女性の偽らざる感情の告白として読めば、現代の私たちとも十分相通ずるものがあると感じられます。

息子に嫁を奪われたと怒る母親たちや夫の浮気相手の女性のみを悪魔と決めつける妻たちなどは、同じ心理構造と言えるでしょう。

ゆえにこのシャルロットの回想録は少しも古くない、と私は考えます。

この回想録はシャルロットの死の翌日に、最初の原稿という形で世に出され、その後数回に亘り改訂版が出版されています。

ラポヌレイエは一八四九年九月に、マルセイユで疫病（コレラと考えられるそうです）のため、四十一歳の生涯を閉じました。

目次

郵便はがき

料金受取人払郵便

新宿局承認

1748

差出有効期間
平成30年6月
30日まで
（切手不要）

160-8791

843

東京都新宿区新宿1－10－1

（株）文芸社

愛読者カード係 行

ふりがな お名前		明治 大正 昭和 平成 年生 歳
ふりがな ご住所	□□□-□□□□	性別 男・女
お電話 番号	（書籍ご注文の際に必要です）	ご職業
E-mail		
ご購読雑誌（複数可）		ご購読新聞 新聞

最近読んでおもしろかった本や今後、とりあげてほしいテーマをお教えください。

ご自分の研究成果や経験、お考え等を出版してみたいというお気持ちはありますか。

ある　ない　内容・テーマ（　　　）

現在完成した作品をお持ちですか。

ある　ない　ジャンル・原稿量（　　　）

書　名			
お買上 書　店	都道　　　　　市区 府県　　　　　郡	書店名	書店
		ご購入日	年　　月　　日

本書をどこでお知りになりましたか?

1.書店店頭　2.知人にすすめられて　3.インターネット(サイト名　　　　　)

4.DMハガキ　5.広告、記事を見て(新聞、雑誌名　　　　　)

上の質問に関連して、ご購入の決め手となったのは?

1.タイトル　2.著者　3.内容　4.カバーデザイン　5.帯

その他ご自由にお書きください。

(　　　　　　　　　　　　　　　　　　　　　　　　)

本書についてのご意見、ご感想をお聞かせください。

①内容について

②カバー、タイトル、帯について

弊社Webサイトからもご意見、ご感想をお寄せいただけます。

ご協力ありがとうございました。

※お寄せいただいたご意見、ご感想は新聞広告等で匿名にて使わせていただくことがあります。

※お客様の個人情報は、小社からの連絡のみに使用します。社外に提供することは一切ありません。

■書籍のご注文は、お近くの書店または、ブックサービス(0120-29-9625)、セブンネットショッピング(http://7net.omni7.jp/)にお申し込み下さい。

ラポヌレイエの序文

シャルロットの回想録にはラポヌレイエ自身が長い序文を加えています。その序文は二部から成り、第一部で彼はフランス革命とマクシミリヤン・ロベスピエールについての自分の考察を述べ、第二部で、シャルロットとの出会いとその後の出来事について語ります。

第一部の冒頭で彼は、王政復古後の立憲君主国は偽善的マントをまとっていると糾弾します。「革命に勝利した利己主義は黄金の王座に座り、退廃は崇拝の的となり、その崇拝のために、恥を知ることなく、誠実さや名誉や美徳を生贄に捧げている」

彼は人間平等の原理は歴史を生き抜くと述べ、その例として奴隷制を否定したキリスト、また「社会契約論」を書いたジャン・ジャック・ルソーをあげ、フランス革命において過去の封建制の遺物を破壊、王侯貴族、国家の裏切り者たちを打ち倒した山岳党に言及、そしてマクシミリヤン・ロベスピエールについて語り始めます。

「彼を単なる破壊者と見なすのは誤りである、彼は再編成者（réorganisateur）であった！　彼は封建制度を徐々に壊し、秩序、道徳、高邁な社会政治の種を蒔いたのだ」

そしてロベスピエールの宗教に関する言葉を引用します。

「人間に、『神は存在しない、ただ盲目の力が人間の運命を支配し、美徳と罪悪をでたらめに打ち据え、人間の魂は所詮墓の入り口で消えてしまうはかない息吹に過ぎない』などと宣言することに何の利があるのだ？」

ロベスピエールの敵たち、すなわちテルミドリヤン（熱月派）は彼の死後、彼の真意を隠蔽し、彼の行動を誇張もしくは歪曲し、彼のおぞましい人物像を作った、とラポヌレイエは告発します。

「テルミドール九日の後は、ロベスピエールについて好意的に語る者、彼の名誉を毀損するような言葉を発しなかった者は投獄された。テルミドールの政変を肯定しない者は処刑台へと送られた。自己の身の安全のために人は彼を国家の反逆者と呼ばねばならなかった。……ギロチンの板に縛りつけられた者が『一体自分が何をやったと言うのだ？』と問うたところ、死刑執行人は答えた、『ロベスピエールのために涙を流したからだ！』」

敵たちの攻撃は続きました。

書店、印刷所、個人の住居までが捜索され、ロベスピエールの書き物が押収、破棄されました。

一方彼らは、あらゆる出版物により、彼への中傷と彼の悪魔的イメージを、地方の隅々まで、浸透させました。

かくして歴史の改竄が成し遂げられました。

次いでラポヌレイエはこのテルミドリヤンについて、国民公会にさかのぼって説明します。

王制を倒すことで一致団結していた革命派は、その後、一貫して人々の幸せを目指す党派と、その革命を策謀によって自分たちのために利用しようとする党派に二分、後者のジロンド党は八ヶ月の闘争の後敗北しました。

しかし国民公会は、ロベスピエール率いる山岳党、エベール等の超過激派、そしてダントン等の革命緩和派と分裂、一枚岩になることはありませんでした。

超過激派は国内を無政府状態にしてしまうことにより、イギリスやオーストリアにつけこむ機会を与える危険な集団でした。

もし彼らが山岳党によって根絶やしにされなかったならフランスはアンシャンレジームに戻されてしまっただろう、とラポヌレイエは主張します。

また革命緩和派には、外国との妥協により共和国を危うくする危険を招く恐れがあり、やはり排除せねばなりませんでした。

この時点までロベスピエールに同調していた国民公会でしたが、その議員たちは多かれ少なかれダントンと同様退廃していました。ゆえに彼らは自分たちもダントンのように粛清されるかもしれない、と怯え始めます。

山岳党の内部には、実際には野蛮な野望に燃え、血にまみれた残虐行為によって富を手に入れた者たちもおりました。

道徳と美徳を共和国の基盤とし、フランスを革命状態から秩序と安定の国へと移行することを望むロベスピエールの党派と、このまま恐怖政治を継続させようとする党派とが亀裂を深め、後者は、ロベスピエールを恐れる国民公会を巧みにあやつり、ついに彼の打倒に成功しました。

この議員たちこそがテルミドリヤンでした。

テルミドールの政変の後、革命は大きく後退し、人々の自由は失われました。ラポヌレイエは次の言葉によってこの序文の第一部を締めくくっています。

「五年間に亘る努力、骨折り、勝利、演説・剣・羽ペンによる闘争はすべて無に帰してしまった。世界の運命は不透明となった。自由は涙しながら昇天し、フランスは四十年も続く反動政治に苦しむこととなった。テルミドールの偉大なる陰謀の意味は、それがもたらした結果によって、十分に判断されるのではないか?」

序文の第二部でラポヌレイエは、シャルロットについて語ります。

「彼女は優しくて愛情あふれる美徳を備えていた。政治の恐ろしい激動から逃れるために世界の果てまで逃避することも可能であっただろうが、兄弟への深い愛から彼女は母国に留まった。兄が権力の座にいる間、彼女はマダム・ロランや他の女性たちのように狂気の沙汰で政治の世界に飛び込むことはなく、兄弟の活動を見守り続けた。……テルミドールの政変の後彼女は次々と知人を訪ね、助けを請うが、重罪人の身内ということで誰にも扉を閉ざされた。しかしロベスピエール兄弟の友人であった市民マトンが彼女をあたたかく迎えた。その時マトンの娘はわずか六歳だったが、以来ずっとシャルロットとともに暮らした。……彼女は砂漠に咲いた花、開花し、甘い香りを発し、しおれ、そして息絶えた一輪の花のようだった。何故なら彼女はパリで一人ぼっち、パリはまさに砂漠だったのだ。彼女の生涯は、人知れぬ静かな川、深い孤独の中を流れ、人の住む川へ流れ込むことなく、大洋へ消える川だった」

次いでラポヌレイエは、ナポレオンがシャルロットに恩給を与えたこと、王政復古の後もルイ十八世（ルイ十六世の弟）が、額は半分以下に減らしたものの、それを与え続けたことに言及し、その理由につき、口封じだったと語ります。

ブルボン家は、彼女が回想録を書くことにより、世論の中にロベスピエール兄弟の素晴らしさを蘇らせ、彼らへの中傷の理不尽さを暴いてしまうことを恐れたと。

　また、シャルロットは恩給を拒否して兄弟の名誉回復のために闘うべきだったという社会の批判に対し、彼女を弁護します。

「彼女は高齢で体力は衰え、恩給なしで生きていけるような状況ではなかった。……彼女は教養があり、たくさんの書物を読んでいて、思慮深く考察していた。兄弟への侮辱の言葉と中傷しか耳にしていなかった彼女が、私が正当で公平な言葉で兄を語る出版物を目にした時の喜びはいかなるものだっただろうか！　彼女は私と知り合いになることを望み、私は彼女のもとを訪れた。それから大きな年の差にも拘らず、深い友情が生まれた。初めて彼女に会ったとき、私の胸を満たしたあの感銘を今でも鮮やかに覚えている。彼女もまた同様で、言葉もなく、ただ私の手を固く握り締めた。

　以来私たちは頻繁に会い、長い会話を交わした。私が投獄されてからは以前のように会えなくなったが、その後私は慢性の心臓病の治療のために、内務省の命により療養所へ移送され、シャルロットは私の見舞いに、その療養所に来てくれた。

テルミドール政変の後、心痛のあまり、彼女の健康状態は悪化、ますます懸念されるものとなり、私たちが知り合った時、彼女の体調は悪く衰弱していて、もう先は長くない、と感じられた。しかし厳しい辛苦にも拘らず、彼女は穏やかな気質と優しさを失うことはなかった。そして兄弟の思い出を原稿や断片的なメモとして残し、それらに彼らへの愛情、尊敬、崇拝のすべてをこめた。彼女は兄弟のうち一番ひどく中傷されたマクシミリヤンの美徳への最後の賛辞を、自分の遺言の中で述べたいと言った。我が身が拘束されているゆえに、彼女の最期を看取ることができなかったことは、私にとって何と辛く耐え難い思い出だろう！　私の妹はほとんど毎日彼女を見舞っていた。私は妹に、彼女への優しさと尊敬に満ちた友情を伝えてくれるように頼み、彼女もまた、私に対する母親のような愛情を妹に託した、『私の代わりに、たくさんの口づけを、私の愛する子供にあげてください！』と。

八月一日（※一八三四年）、シャルロットの状態は絶望的なものになり、彼女は最後の言葉を明晰に冷静に述べた。神父が呼ばれたが、自分は清らかで安らかな良心とともに死ぬ、と言い、神父の立会いを拒否した。その日彼女は私の名を幾度も呼び、『もう私が生きている間に彼に会うことはかなわない』と言った。この言葉に私の胸は張り裂ける。私の肖像に最後のアデューを告げ、彼女はマトンの娘の腕の中で息を引き取った。

八月三日に葬儀が執り行われ、数多くの愛国者（※共和国主義者）が葬列に連なった。マトンの娘の依頼により私は獄中で急ぎシャルロットのための弔文を書いた。参列者の一人ひとりの顔が、自身の母親や姉妹を失ったような悲しみを湛えていた。彼女の遺体が地面に置かれ、暗い口を開ける墓穴の上に、彼女の美徳と長きに亘る不幸を語る声が響いた時、弔問者はどっと涙し、彼らの間に痛ましい嗚咽の声が起こった」

シャルロットの序文

シャルロット・ロベスピエールの回想録は以下の序文によって始まります。

「私はかつて、すべてを破壊する時間というものが、私の善良で不幸な兄の人格を捻じ曲げて世に知らしめた中傷をも消し去ってくれるものと思っていました。私の二人の兄弟が謀殺されて三十三年となります。一世代が過ぎたにも拘らず、過ちは、真実に置き換えられるどころか、ますます増幅され、至る所に広がっています。

私はこのように恐ろしい悪意の偏見を壊したいと心から望んでいました。しかし、私の境遇に関心を寄せた人々が、何も言わないように、と忠告しました、というのも、人は多分私の証言を受け容れず、逆に私の偏った態度を糾弾するだろう、と考えられたからです。私はその忠告に従ってきましたが、今では自分が間違っていた、と悟っています。私は、人が、兄への攻撃を強める目的で、私が兄へ糾弾の手紙を送ったなどと主張、事実をゆがめていた、とは知りませんでした。

弟もまた兄マクシミリヤンのように中傷を受けたのかどうか、私は知りません。それについては一切耳に入れたことはありません。しかし私は彼が何ゆえ謀殺されたのかを知っています、それは彼が『自分は兄の美徳を共有する』と言ったからなのです。この誓いの表明が彼の死刑宣告となったのです。最も熱烈な民主主義者を死に追いやったあの男たちの道徳とは一体どのようなものだったのでしょうか？

彼らはその罪に満足せず、彼らの犠牲者たちを墓石の彼方まで追跡していきました。清廉潔白なアンコリュープティブル・マクシミリヤン（※ Incorruptible 廉潔の士）を殺害して後、彼の死刑執行人たちはさらに攻撃を強め、私の哀れな兄を、母国においてのみならず、外国にまで、悪党として宣伝しました。彼らは至る所に毒を流し込みました、誹謗文に、新聞に、伝記に、そして小説に。かくして彼らは、大衆のみならず思想家たちまで迷わせました。その思想家たちが、もし私の兄弟についての馬鹿馬鹿しくもおぞましい嘘の数々を解きほぐし、真実を発見しようとしたならば、確実に、虚偽による迷いから覚めたことでしょう。悪人どもは、善人たちが真実を知ろうとする以上の努力を重ねて、嘘を振りまき普及させたのです。

しかし私は、いつでも誤ったことを簡単に受け容れてしまう多くの人々の中に、判断においてより慎重で、私の兄弟たちへの非難、彼らの敵たちの悪意のみが根拠となっている非難の理不尽さについて考慮してくれる人がまったくいない、などとは信じられません。

真実とは、ある人々にとっては不快であり、また他の人々にとってはおよそ興味のないもの、それゆえに真実は何世紀もの間隠されたままになるのです。私は心から言いたい、偏見を持たず真実の勝利のために身を捧げる人々にこそ栄光あれと！

私の兄弟たちをどす黒く塗りつぶし、彼らの真の意思をゆがめてしまう人間たちがいるとしても、後世代の人々、著名な歴史上の人々の人格を決定する権利を持つ唯一の存在である後世代の人々は、彼らの無実の罪の汚名をそそぎ、彼らの視点からの事実を証明してくれるでしょう。かたくなに誤った考えに踏みとどまり、私の兄弟たちは今もって根強い非難に値すると思い込んでいる人々よ、せめてこのように考えてみてください、生涯を通じて美徳を貫いた二人の男が、そんなに突然悪者に変貌することはあり得ないはずだ、と。

おお、我が兄マクシミリヤン！　あなたの思い出に敬意を表することにより、あなたの正義の証明があらゆる誠実で徳高い魂に届きますように！　あなたはこの世に生を受けた瞬間からつねに正義に徹し、賞賛に値する行動によって際立つ存在であり続けました。あなたを知っているすべての人々はそれをよく認めており、はっきり証言することもできたことでしょう。けれども現在に至るまで、誰一人として口を開きませんでした、何故ならばあなたの敵どもが、それほどに大きな恐怖によって人々を黙らせたからなのです。ああ、もしあなたの邪悪な中傷者の精神の中に、少しでも人間らしい感情が残っていたなら、彼らは痛恨の念にさいなまれることでしょう！

おお、私の兄弟たちよ！　私が深く愛する不運な兄弟たちよ！　人間たちのあまりにも不実な裏切りを目の当たりにして、あなた方はどれほど苦しんだことでしょう！　もし、あなた方の敵どもの中傷が彼らの望みどおりに成功したと知ったなら、あなた方はさらにいかほどに苦しむことでしょう！　でもあなた方はそれを知ることはなかった。自分たちの確固たる良心によりあなた方は、自分たちの美徳の輝かしい名声が奪われることは決してあり得ない、と信じていた。悪党どもが知らなかった、幸福な安泰！　それこそが、彼らがあなた方から奪い去ることのできなかった唯一の幸せ、そしてあなた方を敬愛し、あなた方のために涙する一人の姉妹の唯一の慰めなのです」

第一章　ロベスピエールの幼少時代——弁護士デビュー

「マクシミリヤンは四人の子供たちの一番上でした。彼には一人の弟と二人の妹がおりました。私たちの父は、アルトワ地方の顧問弁護士でした。彼はアラス市に住んでおり、誠実さと徳の高さにより大きな名声を馳せておりました。彼は全市の誉れと敬愛の的でした。しかし私たちは不幸にも、母の深い愛情と優しい面倒を最も必要としていた、いたいけな年齢の時に、母を失いました。マクシミリヤンはわずか七歳でした。私は彼より二十ヶ月年下でした。私たちの弟は二歳になったばかりでした。私の記憶では彼はまだ授乳の時期でした。私たちの妹は三歳か四歳だったと思います。

私は幼少でしたが、今も母のことを覚えており、その思い出は、六十年以上経った今でも、あたたかい涙で私の目をぬらします。あの素晴らしい母の思い出を忘れることなど、誰ができるでしょうか！　彼女は私たちのことを本当に愛してくれました！　マクシミリヤンも、熱い感情なくして彼女のことを思い出すことはできませんでした。私たちが水入らずで会い、母のことを語り合う時、彼の声は変わり、目に涙があふれました。彼女は母としてのみならず、妻としても素晴らしい存在でした。彼女の死は、私たちのかわいそうな父にとってもひどい衝撃でした。彼が慰められることはなく、何も彼の悲痛を和らげることはできませんでした。彼はもはや訴訟には携わらず、仕事をすることもなく、ただ悲しみにすり減らされていくだけでした。人々は彼に、悲しみを癒すためにしばし旅に出ることを勧めました。彼はその勧めに従い旅に出発しました。しかし、何ということでしょうか、私たちは二度と彼に再会することはありませんでした。血も涙もない死は、私たちから彼を奪い去りました、母を奪い去ったように。彼がどの国で亡くなったのか、私は知りません。彼は多分耐え難い悲嘆に押しつぶされてしまったのでしょう。

シャルロット幼少時代のアラス市中心部（挿絵１）

かくして私たちは、父も母もいない孤児になってしまいました。両親の死がマクシミリヤンに及ぼした影響は計り知ることができません。彼はまったく変わってしまいました。以前の彼は、他の同じ年の子供たちのように軽はずみで騒がしく浅はかでした。しかし、長男として、一家の主たる自分の役目を自覚するや否や、彼は、思慮深く分別を持った勤勉家となり、厳格な態度で私たちに話しかけるようになりました。もし彼が私たちの遊びに参加するとすれば、それはその遊びを監督するためでした。彼は私たちを優しく愛してくれました、そしてあらゆる世話と愛撫をそそいでくれたのです。

この世で完全に孤児となってしまった私たちは人の救いを頼りに生きていくほかに道はありませんでした。父の二人の姉妹、つまり私たちの叔母たちが私と妹を引き取り、母方の祖父母がマクシミリヤンと弟のオギュスタン(Augustin)の養育を引き受けました。兄はアラス市の学校に入学、間もなく優秀な成績で頭角を現し、教師たちを驚かせました。彼は学問を好み、一生懸命勉強に励みました。早い時期から彼はその優しくかつ正義を重んずる性格により誰からも愛されました。仲間の子供たちの遊びや楽しみにはほとんど加わることなく、一人で自分の好きなように長い時間沈思黙考にひたりながら過ごしました。また人からもらったハトやスズメをとても大切に可愛がり、勉強の時間でない時にはしばしばその小鳥たちと過ごしていました。

私は、兄を大悪魔として描いた破廉恥極まりない伝記の中で、『彼の幼少時代の楽しみは動物たちを虐待することであり、面白がって小鳥の首を切り落としたが、それは人間の首を切り落とすことに慣れるためだった』などと書かれているのを読んだことがありますが、このようなとんでもない話を彼について作り上げる社会は、軽蔑に値し、まったく良識に欠けている、と言えるでしょう。その伝記によれば、兄が学業に励んでいた時代、つまりギロチン博士があの断頭台を発明する十五年もしくは二十年以前に、兄は小さなギロチンを作り、小鳥の首をはねていた、というのです。実際、この馬鹿げた話に対し私がここで反論を述べることは、取りも直さず、この回想録を読んでくださる方々を見下す侮蔑的行為です。私はこれらのおぞましい憶測への糾弾を、読者の方々の怒りに委ねます。

毎週日曜日には、私たち姉妹は、兄弟たちと会わせてもらえました。それは私たちにとって幸せと喜びの日でした。兄マクシミリヤンは、絵や版画を集めており、それらの宝物を私たちの前に陳列し、私たちがそれらを眺めて喜ぶ様子を見ては幸せに浸っておりました。彼は私たちに自分の鳥かごを見せ、可愛いスズメやハトを次々と私たちの手にのせてくれました。私たちは彼のお気に入りの小鳥が欲しくてたまらなくなり、彼に一生懸命ねだりました。彼は、私たちが十分な面倒を見ないのではないかという懸念から、長い間私たちのお願いを聞き入れませんでしたが、ある日ついに折れて、とても美しい一羽のハトをくれました。私と妹は大喜びでした。兄は私たちに、小鳥の世話を完璧にするように約束させました。私たちは何千回も誓いを立て、事実、数日間しっかりと約束を守っておりました。いえ、私たちはその後もずっと誓いを守り続けたことでしょう、もしその不運なハトがたまたま庭に置き去りにされ、嵐の夜死んでしまうことがなかったなら。この悲報を知った時、マクシミリヤンは涙を流し、私たちに非難を浴びせましたが、それはまったく当然のことだったのです。彼はもう二度と私たちに大事なハトをあげない、と宣言しました。

かくして私は、子供の無分別のゆえに兄に辛い思いをさせ、涙を流させました。以後六十年の年月が過ぎ去りましたが、今もこの思い出に私の心は血を流します。あたかも、可哀想なハトの悲劇の死のために兄が悲嘆に暮れたあの出来事以来、私が一日さえも年を取っていないかのように。私にとっては、それぐらい辛い思

兄ロベスピエールが育った家（挿絵２）

い出なのです。私が何故このエピソードを語るかといいますと、我が兄の善なる性格について少しでも疑いを抱く人々に、兄ほどに優しさあふれる人はいないだろう、ということを理解してほしいからなのです」

この後ロベスピエールは学業において目覚しい上達を遂げ、ついに叔母の知人であった修道院長の目に留まり、パリの名門校、ルイ・ル・グラン高等中学へ入学のための奨学金が彼に与えられることになります。かくして彼は十一歳でパリへ発つこととなりますが、この折彼が大切にしていた品々を妹たちにプレゼントしました。しかし可愛がっていたハトだけは与えず、しっかり面倒を見てくれる別の人に贈りました。

ロベスピエールは一心不乱に勉強に打ち込みます。試験ではほとんどいつも首席でした。シャルロットはこう書いています。

「彼は先生にも仲間の生徒たちにも愛されていました。……彼はルイ・ル・グランで七年間を過ごしましたが、その間にただの一度も同級生たちといさかいを起こしたことはありませんでした。彼の気質はかくも穏やかで優しかったのです。彼は年上の生徒たちに対し、年少の生徒たちをかばい弁護し、また雄弁な言葉では成功しない時には、喧嘩に身を投じて、その子供を守ろうとしました」

毎年ロベスピエールはバカンスを妹たちや弟と過ごすために故郷の町に帰ってきました。それはシャルロットたちにとって幸せの絶頂とも言える再会でした。

「一年ぶりの再会で、私たちがともに過ごす時間は何と早く過ぎ去ったことでしょう！　兄が学校へ帰る日が来ると、私たちは、彼を私たちのものにできたのはあまりにもわずかな時間であった、と感じたものです。私たちの幼い妹が亡くなったのは、マクシミリヤンがパリで勉強していた時のことでした。私たちの幼少時代はこのように涙に満ちたものとなり、愛するものの相次ぐ死が私たちの心に深い傷を残しました。妹の死はマクシミリヤンの性格に計り知れないほどの衝撃を与え、彼は悲しみと憂鬱に沈んでいきました」

シャルロットは次いで、ロベスピエールが、自分の学業が一区切りついた時、弟オギュスタンにも奨学金がおりるようにと嘆願、この願いは快く受け容れられた、と語ります。

このすぐ後に、ロベスピエールとジャン・ジャック・ルソーの関係につき、次のように述べています。

「私は兄がどのような状況でルソーに出会ったのかは知りませんが、彼がルソーに個人的に会ったのは確かだと思います。もし兄があのスイスの哲学者に捧げた賛辞がなかったなら、私は彼の人生におけるこの出会いのことをまったく知らなかったでしょう。

マクシミリヤンは法律の勉強を修了した時、パリの最高法院の弁護士に任命されました。彼はこの弁護士という地位には格別に執心しておりました。この職業は、無私無欲と人道主義を貫けば、世界にこれほど崇高な職はない、と彼はしばしば言っていました。『圧迫されている人々を圧制者から守り、搾取され、おしつぶされている弱い人々を、彼らを圧する強者に対して弁護すること、それこそが、利己主義や腐敗に害されていないあらゆる心の義務である。同胞のために身を捧げることはかくも心地よいのに、何故この世にはこれほど多くの救いも保護者も持たない不幸な人々がいるのだろうか？　私の生涯の任務は苦しむ人々を救うことであり、人間への哀れみを持たず他人の苦しみを自分たちの快感や喜びにしている連中を、言葉の懲罰によって追い詰めることなのだ。もし私の微力な努力が成功し、私の献身と犠牲によって、私の死後の名誉が、私がこれから闘うこととなる圧制者の中傷によって汚されることがないなら、何という至福だろう！』不運なマクシミリヤン！　あなたは真実をあまりにも正確に述べた。国民の敵たちは、おそらく今もってあなたへの恩を忘れたまま、あなたを正しくは認めていないのです」

第二章　アラス市での活躍、三部会議員選挙、憲法制定議会

シャルロットは兄がいかに素晴らしい人物であったかを語り続けます。

「彼はその優しさと清らかさのゆえに人々に深く愛され、誰もが競って彼と知り合いになろうとしたほどでした。彼の弁護士としての業績は目覚しいものでした。才能に恵まれ、かつ言葉は明快で、論理は説得力のあふれたものでした。彼は正義のための弁護のみ引き受け、いつも勝訴しました。人々は彼に重要な訴訟を託し、それらの訴訟で彼は卓越した腕前を発揮したのです。無私無欲で、貧困に苦しむ人々のために闘い、常に正義と信じる側の弁護を引き受け、時には費用を請求せず、自腹さえ切りました。かくして人は、彼は圧迫された人々の支えであり、罪のない人々のための、悪の懲罰者だと言ったのです」

次いでシャルロットは兄の日常生活について詳しく語っています。

「彼はとても勤勉に働き、裁判所にいない時は大部分の時間を自分の書斎で過ごしておりました。毎朝六時か七時に起床、八時まで仕事をしました。それからカツラ師がカツラを整えるためにやってきました。それが済むと、彼は乳製品の朝食をとり、十時まで働き、着替えをし、裁判所へ出かけました。法廷での弁護の任務の後、ディナーのために帰宅しましたが、食事は軽く、赤ワインを少し加えた水しか飲みませんでした。食の好みも特になく、私は幾度もディナーに食べたい物はないかと聞きましたが、彼は決まって、わからない、と答えました、果物だけは大好きでしたが。いつも必ず口にした物は一杯のコーヒーでした。ディナーの後は、散歩や訪問のために一時間ぐらい外出し、帰宅すると七時か八時頃まで書斎にこもり、夜の残りの時間は友人あるいは家族と過ごしました。

私と叔母は、兄が家族の団欒の時しばしば別のことを考えぼんやりしていることを咎めました。実際、私たちがトランプに興じたり、あまり意味のない会話ばかりしている時、彼は部屋の隅の安楽椅子に身を沈め、まるで自分一人しか居ないかのように、沈思黙考に浸っていました。でも彼は本来明るく、時には冗談を言って涙が出るほど笑い転げたものです。

マクシミリヤンは生来穏やかに安定した性格で、誰の気持ちにも逆らうことはなく、皆が望む事柄はそのまま彼も望みました。叔母は幾度も私に言いました、『あなたのお兄さんは天使ね。彼はすべての道徳的美徳を備えているけれど、邪悪な連中の食い物や犠牲になってしまうかもしれないわ』」

しかし彼はただ優しく寛容であっただけではなく、鋼のような意思と誰も打ち負かすことのできない精力を持っていた、とシャルロットは続けます。

彼が政府の指導者に登りつめていった二年足らずの間に、彼の青銅と花崗岩のような強靭さは見事に証明されました。

その精力や頑強さは、人に快く接する優しさと結びついていて、彼と個人的に親しくなった人々は誰もがその彼の性格にひきつけられました。

「兄の愛すべき性格は、女性たちをも魅了し、何人かは彼に単なる好意以上の感情を抱いていた、と思います。その中の一人マドモワゼル・デゾルティ（Deshorties）は彼とは相思相愛の仲でした。この若い女性の父親は、二度目の結婚で、私たちの叔母の一人と再婚しました。彼には先妻との間に二人の息子と三人の娘がおりました。兄は二、三年間ぐらい彼女と交際を続けており、事実、何回か結婚の話が出ていました。もし彼が市民の投票によって三部会に出席する議員に選ばれ、甘い個人生活から引き離されて政治のひのき舞台へ投げ込まれることがなかったなら、彼はこの女性と結ばれたことでしょう。絶対に彼以外の男のものにはならない、と誓ったマドモワゼル・デゾルティでしたが、その誓いを守ることはなく、憲法制定議会の間に他の男性の求婚を受け容れてしまったのです。兄はこの不実な行為を、議会の閉会後アラス市へ帰郷した時初めて知り、ひどい衝撃を受け、悲嘆に暮れました。

マクシミリヤンの弁護士としての成功により、彼は貴族階級の人々とも人脈を持ちました。彼らは兄との交際を求め、アラス市一番の名家も喜んで彼に門戸を開きました。もし彼が財産や栄誉を望んだなら、アラス市の裕福な女相続人と結婚することにより、自分の望みを十分に果たしたことでしょう。しかし彼は無私無欲であり、自分の個人的な問題には無関心であったために、そのような考えは常に彼の頭から遠ざけられていました」

シャルロットはアラス市での兄の真実の友人たちと不誠実であった友人たちの名を列記、さらに兄の敵たちにも言及、個々の名をあげることは控えながらも、彼らは兄の素晴らしさに嫉妬する男たちだった、と述べています。

「……ちょうど女性たちが、他の女性の美貌を許さぬように。しかし私が兄に敵がいることを告げると、彼はそんなことは信じられない、という様子で、『自分が彼らに一体何をしたと言うのだ？』と答えました。兄は道徳的に許せない人間や不実な人間とは決して付き合うことはありませんでした。とはいえ、彼の何人かの敵が彼への非難の理由として、往来で出会った時無視をしたとか、挨拶をしなかったなどと言っているのは、実に不当な理由と言わねばなりません。何故なら、マクシミリヤンは、まったく心ここにあらずという精神状態、もしくはいつも何かに没頭していたからなのです。時には、親しい友人たちと過ごしていても、彼らのことをまったく見ていないこともありました。しかし彼の敵たちは、これを彼の高慢のゆえだ、と攻撃したのです」

兄マクシミリヤンの弁護のために、シャルロットはある面白いエピソードを語ります。

「私たちは一度友人宅で夜のパーティを一緒に過ごし、夜更けに帰途につきました。ところが兄は、途中で突然妹が一緒にいることを忘れ、歩を速め、私を置き去りにして一人で帰宅、書斎に閉じこもってしまいました。私は彼の数分後に家に着きました。彼のうわの空振りがあまりにもおかしかったので、私は、彼がどんどん先へ進んでいくのを黙って見過ごし、私が一緒にいることを彼に注意することはしませんでした。私が彼の書斎に入っていくと、彼は部屋着のガウンをまとっていて一生懸命働いていました。そして、私に、こんなに遅い時刻に一人でどこに行っていたのだ？　と尋ねました。そこで私が、一人で帰宅したのは彼が急いで帰るために私を往来に置いてきぼりにしたからだ、と答えると、彼はようやく事実を思い出し、それから私たちはこの滑稽な出来事に笑い転げたのです」

兄は弁護士として有能であったのみならず、優れた文才の持ち主だった、とシャルロットは書き、ロベスピエールがある論文のコンクールで受賞したことにつき語ります。

一七八四年か一七八五年のこと、メッツの芸術・科学学会がある主題についての論文を募集しましたが、その主題とは、「罪人だけではなく、その全家族に罪人の受ける刑罰の恥の刻印を押すという考え方があるが、その根拠は何か？　この考え方は有害だろうか？」というものでした。

ロベスピエールは、罪人の家族への偏見は正義に反するものとして論駁、高い評価を受けました。

その論文の力にシャルロットは強く打たれました。

そして彼女はその過去を振り返りながら、悲痛な叫びをあげます。

「おお、我が兄よ、あなたはあの論文を書いている時に、よもやあなたの不幸な妹が後にこの偏見の犠牲となり、中傷のゆえに極悪非道な人非人に仕立てられた、この上なく徳高いロベスピエールの親族であったがために、迫害され追放されることになろうとは、予想だにしなかったでしょう。我が兄よ、あなたはあまりにも善良で清い心を持っていた、だから邪悪な敵どもがあなたの名声を汚したために、あなたの家族のたった一人の生き残りが、安住の地を失うことになろうとは考えもしなかったでしょう。いいえ、いとしい兄の亡霊よ、私は中傷者たちが我が家名に押した恥の焼印に赤面することは絶対にありません。あなたの名前、それを私も共有していることを誇りに思います。偉大なるロベスピエールと血縁で結ばれていることの何という栄光、すべての不正や腐敗の断固たる敵であった方、もし国民の圧制者と妥協していたなら、貴族の雇われ者のペテン師たちから賞賛されたであろう方」

アラス市には、文士や、文芸・芸術を愛する学者や官吏、軍人等がメンバーとなっていたロザティ（Rosati）という社交クラブがあり、ロベスピエールもその一員になりました（ちなみにこのクラブは現在も存在し、メンバーの方々が詩を書いたり、お芝居を発表したりして活躍しています）。このクラブは定められた日に集まり、あらゆるジャンルの作品が読まれ、それについてディスカッションがなされました。新メンバーが入会するたびにパーティが催され、新会員はスピーチをし、他のメンバーがお返しのスピーチを行い、最後に打ち解けて友好な雰

1928年に建てられたロザティの石碑、左側の人物がロベスピエール。当初公園に置かれていたが、極右により何度も頭を破壊され、現在はアラス市市庁舎の裏庭に移されている（挿絵３）

囲気の中で、皆にぎやかな食事会に興じました。

シャルロットは語ります。

「兄がこのクラブに入会した時、彼は即興で三節の唄を披露、大いに賞賛されました。私は兄の直筆による唄のコピーを今でも持っています」

次いでシャルロットは、弟オギュスタンについて語ります。彼は天性の才能では兄より勝っていましたが、学問には合っていませんでした、つまり彼は勉学にはあまり興味を示しませんでした。部屋にこもって勉強を続ける忍耐力がなかったのです。兄の方は市民的勇気という点で弟に勝っていましたが、軍事的勇気は、弟の方がはるかに秀でていました。彼は勇敢で、軍のリーダーとして素晴らしい功名をあげました。一方兄マクシミリヤンは、書斎でペンを手にし、議会の壇上の演説により、全ヨーロッパの暴君たちを震え上がらせましたが、甲冑を身につけ銃を携えて戦闘に身を投ずるような行動には不向きでした。シャルロットは書いています。

「もしマクシミリヤンが、あのテルミドール九日の夜（七月二十七日）、議会の法官服の代わりに将軍の剣を身につけ、市庁舎に集結して兄の指揮を待っていた多数の市民たちの先頭に立ったなら、テルミドリヤンたちはあれほど容易に勝利を得たでしょうか？　しかし兄は一つの重大な疑問のゆえに躊躇しました。『国民に反乱を呼びかけよう！』と言われた時、彼は答えました。『誰の名のもとに？』『国民公会の名のもとに！』とサン＝ジュスト（Saint-Just）は叫びました。『国民公会こそ我々の場所だ！』サン＝ジュストは正しかった。もし兄がサン＝

オギュスタン・ボン・ジョゼフ・ド・ロベスピエール（Augustin Bon Joseph de Robespierre、1763-1794）の肖像（挿絵４）

ジュストと同じ視点を持ち、自分が反乱軍の先頭に立つことの重要性を認識していたなら、母国は救われていたでしょう。

オギュスタンは背が高く、とても高貴で美しい顔立ちをしていました。しかしマクシミリヤンはこの点で弟とは異なり、中背で繊細な気質、優しくて思いやりのある顔つきでしたが、弟のように整ってはいませんでした。彼はいつも微笑んでいました。彼の肖像画は数多く出版されています。一番彼に似ている絵は、デルペシュ(Delpech)の描いたものだと思います（※巻末付録2参照)。一方で、ただおぞましい風刺画に過ぎないものがありますが、それらは、彼の人間性を極悪非道な悪党にゆがめたように、彼のイメージを意図的に残忍に仕立てた表現なのです。いわゆる『マクシミリヤン・ロベスピエールの回想』なる題の本の冒頭に挿入された肖像画はこの種のものです」

アラス市での弁護士としての名声により、ロベスピエールは、アラス市の刑事裁判所の裁判官に任命されます。しかしそのために彼は刑罰の判決を下すこととなり、ある殺人犯に死刑を宣告することとなります。シャルロットはこの時の思い出を語ります。

「兄は絶望を心に帰宅し、その後まる二日間食べ物を口にしませんでした。『あの男が非常に罪深いということはわかっている』と彼は繰り返しました、『彼は悪党に違いない、しかし一人の男を死なせるとは……』この考えは彼にとって耐えられないものでした。法的正義心と自分の心の叫びとの板ばさみとなって闘うことを望まなかった兄は、裁判官の役職を辞任しました。

三部会に出席する代議員の選挙が行われることとなり、誰もが候補者として兄に注目しました、いえ、誰もではありませんでした。アラス市には彼の口頭弁論や書き物に衝撃を受けた少数の人々もおりました。彼らは、アンシャンレジームに熱狂的に固執し、自由・平等・博愛という言葉には馴染めず、あらゆる改革に反対していました。にも拘らず、マクシミリヤン・ロベスピエールは、アラス市の第三身分の人々により、三部会の代議員に選ばれたのです。同胞市民たちの彼への信頼はもちろん彼の経歴、才能、美徳のゆえでした。国民の代表という資格による義務の重さは、兄自身が誰よりも深く理解していました。そして、彼が背負った困難な役目を、彼以上の献身と類稀な無私無欲によって果たした人は誰もいませんでした。彼は変わることなく専制や権力の乱用への反対を叫び続けました。人々は彼を誘惑しようとしましたが、成功することはありませんでした。いくつかの策が講じられましたが、いずれも失敗に終わったのです。ついにある日、一人は多額の金を持ってきて、これを貧しい人々に分け与えてくれ、と兄に要請しましたが、兄はその罠を見抜き、その大金は受け取らず、その人物に、自分自身でお金を配るように勧めました。兄のこの潔癖さのゆえに、憲法制定議会の同僚たちは、彼をアンコリュープティブルと呼びました。ミラボー（Mirabeau）は、人々が自分を買収しようと企んだように、兄に対し、あらゆる策を試みるのを見て、次のように言いました。『成功などしない、ロベスピエールを金によって抱き込もうなどという企みは時間の無駄だ。彼は金など必要としない、彼には節度があり、あまりにも質素な生活態度だからだ』何という賞賛でしょう！」

第三章　ペティオン、マダム・ロランおよびデュプレイ家について

ロベスピエールは、憲法制定議会で、自己の信条から少しも逸れることなく闘い続けました。この議会の開催期間中シャルロットはアラス市におり、兄に会うことはありませんでしたが、彼の私生活は極めて規則的で簡素であったと確言しています。

「彼の内面生活は、憲法制定議会の議員席に座る彼自身と同じものでした。それは幕も楽屋もない舞台で、役者が観客の目前で衣装を身につけまた脱ぎ捨てるようなものでした」

ロベスピエールは憲法制定議会とジャコバンクラブへ疲れを知らず、たゆまず通い続けます。このクラブのことを人々は「憲法友の会」と呼びました。ロベス

ジェローム・ペティオン（Jérôme Pétion de Villeneuve、1756-1794）の肖像（挿絵５）

ピエールはたまに劇を見に行きましたが、それさえも稀なことでした。

「兄は憲法制定議会の何人かの同僚と付き合いましたが、一番仲を深めたのは、当時彼と同じぐらい人気の高かったペティオン（Jérôme Pétion）でした。二人は議会の中の野党である共和党の党首であり、互いに高潔さを競い合うライバルのように人々のために闘いました。世論は彼らをともに大きく評価し、それぞれ高い地位に任命しました。ペティオンはパリ市長に、兄は訴追官になりました。しかしながらその後、ペティオンの兄への友情は奇妙に冷え込んでいきました。多分パリ市長の高邁な任務とその栄光が、彼に以前持ったことのない野心を抱かせ、そのゆえに彼は、革命勃発以来とってきた進路を捨てたのでしょう。市長として彼は王家とも関係を持つようになり、堕落し、古くからの友人たちをかえりみなくなったのです。

九月二、三日の出来事の数日後にペティオンは兄に会いに来ました。マクシミリヤンは、あの監獄での虐殺を非難していましたから、囚人の一人一人が国民によって選ばれた裁判官によって裁かれることを望んでいたことでしょう（※一七九二年、パリの監獄は、反革命の容疑者や共和国への忠誠の誓いを拒否したカトリックの聖職者たちで満杯になっていた。外国軍のパリ侵攻の危機に際し、パリの監獄内部で、外国と共謀して革命をつぶし市民たちを虐殺せんとする陰謀がある、という噂が流れた。戦地へ送られる寸前だった義勇軍の兵士たちは留守中にパリに残した家族が殺されることを恐れるあまり、九月二日から監獄を襲撃、囚人たちの大虐殺を始め、その殺戮は数日間続いた）。

ペティオンとロベスピエールは最近の出来事について議論していました。私も

マダム・ロラン（Madame Roland、1754-1793）の肖像（挿絵６）

同席していましたが、兄はペティオンが二日と三日の凄惨な事件を職権をもって阻止しなかったことにつき、彼を咎めました。ペティオンはその非難に腹を立てたようで、ひどくぶっきらぼうに答えました。『私があなたに言えること、どんな人間の力を持ってしてもあの出来事を止めることはできなかっただろう』彼はその少し後に席を立ち、去りましたが、以後二度と現れることはありませんでした。あの日から彼と兄との関係修復の希望は失われたのです。彼らは国民公会でのみ顔を合わせましたが、ペティオンはジロンド党とともに、兄は山岳党とともに議席を占めることになりました。

マクシミリヤンの憲法制定議会の期間の知り合いの中には、ロラン夫妻がおりました。マダム・ロラン（Madame Roland）は自分の夫が入閣するまでは愛国主義者を演じ、熱烈な共和党主義者として名を馳せました。自宅に当時最も斬新的な考え方を持った人々を招き、話題に上っていたあらゆる問題につき議論をしました。兄は何回かそのような集まりに出席しましたが、マダム・ロランは、彼の高い人気のゆえに彼を特別の気配りをもって接待し、彼への友情をよそおいました。しかしその一、二年後にその友情を裏切ったのです。一七九一年に彼女は夫とともにローヌ・エ・ロワール（Rhône-et-Loire）の奥の領地へ引っ込みました。その住まいから彼女は兄に一通の手紙をよこしましたが、私はこれを今でも持っています。その手紙の中で彼女は兄の立法議会での行動を賞賛し、自分のこの上もなく清らかな愛国心を誇示しました。もしこのような手紙の書き主が真実、誠実であったなら、市民の中で最も美徳ある女性と言えたでしょう」

次いでこのマダム・ロランの長い書簡が掲載されています。

この書簡の中でマダムは専制政治とパリの政界の腐敗を糾弾、また「地方の人々は反革命派に惑わされている、私はあなたの（ロベスピエールの）演説のコピーを行く先々で配りました」と書いています。しかし「地方の人々は、共和国の名のもとに互いをいつくしみあっているが、一方で国王は彼らの存在の本質的部分をなしている」と付け加えており、革命と国王の存在をともに認めようとするジロンド党の考え方を示しているようです。書簡は正義に徹するロベスピエールへの賞賛で終わっています。


次にシャルロットは、ロベスピエールが身を寄せていたデュプレイ（Duplay）家について語ります。

「兄がどのようにデュプレイ家と知り合ったかという事情については関心が高いと思います。シャン・ド・マルスで赤い旗がひるがえり、ラ・ファイエット（La

Fayette）将軍とバイイ（Bailly）市長によって戒厳令が宣言された日（※一七九一年六月、ルイ十六世一家は外国への逃亡を企てたが失敗、逮捕され、国王への不信感をつのらせた市民たちは同年七月十七日シャン・ド・マルス練兵場に集結、国王の廃位と共和制の実現を要求、戒厳令がしかれ、ラ・ファイエット将軍率いる軍が、解散命令に従わない市民たちに発砲した）、兄は、『世界の二人の英雄』（※ラ・ファイエット将軍と当時のパリ市長バイイのこと）によって命じられた市民への銃撃を目の当たりにし、その恐怖の光景に心痛の思いで、サントノーレ通りを自宅へ急いでいました。彼の周囲を、彼を見止めたかなりの群衆が取り囲んでおり、『ロベスピエール万歳！』と叫んでいました。その時木工職人のデュプレイ氏が自宅から現れ、兄の前に進み出て、彼の家で休息をとるように勧めました。マクシミリヤンはその招きを受け容れました。一、二時間後彼は帰宅しようとしましたが、デュプレイ家の人々はディナーのために引き止め、さらに彼らが帰宅はせずしばらくこの家に留まることを望み、結局彼はデュプレイ家に泊まり、数日間逗留しました（※事実は、この時期ロベスピエールは反共和国派に生命を脅かされ、街中を安全に歩ける状況ではなかったらしい）。マダム・デュプレイと娘たちは彼に最も強い関心を示し、実に細やかな心配りで面倒を見ました。彼はこのような気配りには非常に敏感でした。私と叔母もかつて女性のみができる数々の優しい世話によって彼を喜ばせたものです。しかしその後彼は、この上もなくあたたかい世話に包まれていた家庭から離れ、突如パリで一人暮らしを始めることになりました。その生活の激変は容易に想像できることと思います。デュプレイ家が彼に示した思いやりの数々は、私たちの彼への思いやりを彼に回顧させ、マレ地区の彼のアパートの孤独な寂しい生活をひしひしと感じさせました。デュプレイ氏は彼に、同居して食事をともにする客人となるように勧めました。マクシミリヤンにとってその申し出はとても好ましいものであり、また、人の気持ちを傷つけたくないという思いから、彼はその提案を受け容れ、デュプレイ家の家族とともに暮らすようになったのです。

マダム・デュプレイ（Madame Duplay）の肖像（挿絵７）

私は真実のすべてを語らねばなりません。デュプレイ家の娘さんたちはとてもよい方々でした。でも母親のマダム・デュプレイは違いました。彼女は私に数々のひどい仕打ちをし、絶えず私が兄と仲たがいするように画策し、兄を独占しようとしました。マクシミリヤンの人柄をマダムはとても気に入り、彼は彼女の言いなりになってしまいました。政府のトップとしてあれほど精力的だった男が、内的には、いわば差し出される物をただ受け容れる意思しか持っていなかったのです。

一七九二年に、アラス市を離れパリに到着した時、私はデュプレイ家を訪ねましたが、私はたちどころに、デュプレイ家が兄に及ぼしている支配力を感じ取りました。その力は知性に根ざしたものではなかった。何故ならマクシミリヤンは確かにマダム・デュプレイより高い知性を持っていたから。また、彼らの兄への多大なる奉仕のゆえでもなかった。何故なら彼があの家族と同居するようになってまだ日が浅く、そのような奉仕をするには至っていなかったから。そうではなくて、私は繰り返します、あの支配力は、もしこんな言い方をしても構わないなら、兄の人のよすぎる性格のためですが、一方マダム・デュプレイのひっきりなしの、しばしばしつこいほどの愛撫のゆえでした（※兄を追ってシャルロットとオギュスタンはアラス市からパリへ上京、最初デュプレイ家に一年以上住むことになるが、マダム・デュプレイは強力な権力を持って家の中一切を取り仕切っており、二人にあてがわれた部屋は、デュプレイ夫妻の部屋をはさみ、兄マクシミリヤンの部屋とは反対側にあり、兄弟同士のコミュニケーションはほとんどとれない位置関係にあった。これが故意だったのかどうかはさだかではないが……）。

私は彼女の腕から兄を取り戻そうと決意し、その目的のために、兄に、政界でこれほど高い地位を占めているのだから、自分の住居を持つべきだ、と説得しました。マクシミリヤンは私の意見が正しいことは認めましたが、私の提案を実行してデュプレイ家を離れることにより、あのご家族を悲しませることになる、と長いこと迷っていました。その後私の策はようやっと成功し、彼はサン・フロランタン通りの私のアパートに移り住みました。

マダム・デュプレイは私のことをひどく恨みました。彼女はきっと一生私を恨み続けたと思います。私たちが同居して間もなく、マクシミリヤンは具合が悪くなりました。別に危険な病ではなかったのですが、色々な世話が必要で、私はもちろん手落ちなく万全の面倒を見ました。私はいっときとして彼の元を離れず、絶えず彼を見守りました。彼が回復した時、マダム・デュプレイは彼に会いにやって来ましたが、彼女は彼の病気のことを聞いていなかったらしく、自分に知らせなかった、と大変怒りました。そして私に不愉快極まりない言葉を発し、兄は

当時のデュプレイ家の住居（挿絵８）

ここでは十分に面倒を見られてはいない、自分の家ならもっとよい世話をする、何一つ不自由などさせない、と言いました。そして彼女はマクシミリヤンに彼女の元へ帰るように急き立てました。兄は最初弱々しく遠慮していました。彼女はさらに懇願しました、と言うよりも、しつこく要求しました。結局ロベスピエールは自分の意思に反して、彼女に従うことを決めました。『あのご家族は僕をとても深く愛してくれている』と彼は私に言いました、『僕のことをとても心にかけてくれていて、善意で一杯の人々なのだ。僕が彼らの申し出を拒絶したら、それは恩知らずというものだ』

このたった一つの事実でも、兄マクシミリヤンについてよくわかっていただけると思います。彼は自分の家、所帯を持っていたにもかかわらず、マダム・デュプレイに譲歩し、自分の住まいを離れ、他人の家に下宿することを決意しました。何故なら彼は友情を感じている人を悲しませたくなかったからなのです。私は少しも彼を咎めようとは思っておりません。彼の思い出に非難を浴びせるなど思いも寄らないことです。とはいえ、彼があのマダムを選んだことにより、彼自身の妹が、マダムが拒絶された場合と同じぐらい苦しむのだと考えるべきではなかったか？　マダム・デュプレイと私の板ばさみとなって彼は迷ったに違いない。彼はマダムのために私を犠牲にしなければならなかったのか？　彼女が、私が兄の世話を怠ったと責め、あの不愉快極まりない申し出をした後、兄が、私の心を込めた看病を知っていたにも拘らず私を捨ててマダムのお世話に身をゆだねるなら、それは取りも直さず、マダムの私への非難を裏付けることになるのだ、と兄は考えるべきではなかったか？　でも兄は私のことをとても優しく愛していました。

彼の私への愛情は、彼が他人に抱くどんな愛情よりも強いものでした。では彼の矛盾するあの行動はどのように説明すればよいのでしょうか？　それはこのように説明できるでしょう。マクシミリヤンはひたすら献身のみで、決して自分の好きに振舞うことはなく、彼の人生は自己犠牲の連続であり、他人を喜ばせるために喜んで遠慮をいといませんでした。それゆえ彼は、愛撫と数々の親切により彼を無抵抗にしてしまった一家を少しも悲しませないように、自分の分身である妹を、自分を犠牲にするように犠牲にしたのです。

私はマダム・デュプレイについては文句を言いたいことが山のようにある、と書きました。もし私が彼女の私への数々の仕打ちをすべて述べたなら、それこそ分厚い本になるでしょう。兄が、彼女の気を悪くしないように、彼女の家に再度移った時、私は足しげく彼に会いに行きました。彼女が私を迎えた、あまりにもぶしつけな態度――もっと別の言葉があるかもしれませんが――人にはおよそ見当がつかないでしょう。私は彼女の無作法さや無礼な物言いは許せたかもしれません。けれども私が絶対に許せないのは、私についてのひどい一言の言葉でした。私は我が兄宛に、彼が大好きだったジャムや砂糖漬けのフルーツや他のお菓子類を送りました。マダム・デュプレイは私の使いの姿を見るたびに機嫌を損ね、感情を爆発させせました。ある日私がいくつかのジャムのビンを兄宛に使いの者に持たせたところ、マダム・デュプレイは怒り、その者に言ったのです。『そんな物は持ち帰りなさい。彼女にロベスピエールに毒を与えさせるわけにはいきません』私の使いは泣きながら帰ってきて、私にマダム・デュプレイが吐いたひどい暴言を報告しました。私は打ちのめされ、言葉もありませんでした。どうぞ信じてください、これはすべて真実なのです。しかし、兄を苦しめること、兄にとってこの上もなく不快な修羅場を繰り広げることを恐れた私は、事の説明をマダムに要求するとか、兄に彼女のひどい言動を訴えることをこらえ、私の苦しみと憤りを飲み込んで耐えました。

マダム・デュプレイには三人の娘がおりました。一人は国民公会議員のル・バ

エレオノール・デュプレイ（Éléonore Duplay、1768-1832）の肖像
（挿絵９）

（Le Bas）（サン＝ジュストの友人）と結婚、もう一人は確か憲法立法議会の代議員と結婚したと思います。もう一人のエレオノール（Eléonore）は長女で、コルネリー（Cornélie）と呼ばれていましたが（※エレオノールのミドルネーム、ローマのグラックス兄弟の、一徹で誇り高い母の名前）、テルミドール九日の政変の時、人は、彼女は間もなくロベスピエールと結婚することになっていた、と言いました。エレオノール・デュプレイについては二つの見方がありました。その一つは、彼女は兄ロベスピエールの愛人だったというもの、もう一つは、彼女は彼の婚約者だったというものでした。これはどちらも間違っている、と私は信じ

ます。けれども確実なことは、マダム・デュプレイがマクシミリヤンを婿とすることを熱烈に望んでおり、娘を彼にめとらせるために愛撫や誘惑を惜しまなかったという事実です。エレオノールもまた、シトワイエンヌ・ロベスピエール（女性市民ロベスピエール）と呼ばれることへの強い野心を抱いていました。そして彼女はマクシミリヤンをほろりとさせるあらゆる手段を尽くしました。

しかしながら、数々の難問や業務に圧倒され、公安委員会の委員としてその任務に没頭していた兄に、恋や結婚などに関わっている時間があったでしょうか？　兄の胸は母国への愛でいっぱいで、気持ちも思考もすべて国民の幸せという問題に集中していた時に、絶え間なく革命の敵と闘い続け、個人的な敵からも年中攻撃され、彼の人生は常に戦闘だったのに、そんな彼の心に、このような、とるに足らないことを考える余裕などあったでしょうか？　いえ、兄にとって、エレオノール・デュプレイのセラドン（※十七世紀に書かれたある田園小説のヒロインのプラトニックでセンチメンタルな恋人の名）の役を果たすことなどとんでもない話で、その気もありませんでした。このような役割は彼の性格では考えられなかったと私は付け加えます。

私はさらなる証言をします、彼は私に二十回も言いました、エレオノールには何の感情もないと。彼女の家族につきまとわれてしつこく婚約を懇願されることにより、彼は彼女を愛せるどころかうんざりしていた、と。デュプレイ一家は彼らが希望していたことをさも事実のように公言したのでしょうが、ここに確かな証拠があります。私が耳にした兄の弟オギュスタンへの一言により、人は兄が真実マダム・デュプレイの長女と結ばれたいと思っていたかどうかにつき、はっきり判断ができるでしょう。『お前がエレオノールと結婚すべきだ』『まさか、冗談じゃないよ！』と弟は答えました。

一方、マダム・デュプレイの次女でル・バと結婚したお嬢さんはとても優しいよい方でした。彼女は母や姉のように私に敵対することはなく、マダム・デュプレイの侮辱を受けた私が泣いている時、何回も私のところへやってきて慰めてくれました。彼女の妹もまた同様にとても親切でした。もしあの忘れ難い出来事がなかったなら、この二人のお嬢さん方のおかげで私は、彼女たちの母と姉のひどい態度を忘れることができたかもしれません」

憲法立法議会の後ロベスピエールは、二年ぶりにアラス市に帰郷します。シャルロットはその折の市民たちの熱狂的な歓迎振りを語っています。市の城門には市民が押しかけ彼を迎えようとします。シャルロットと弟が乗った馬車はロベスピエールのものと勘違いされ、市民たちはその馬をはずして自分たちで引こうとさえしました。通りは市民たちの自発的意思によって点された灯りで飾られ、『ロベスピエール万歳！』という歓声と大喝采が響き渡りました。しかしそのお祭り騒ぎにつきロベスピエールを非難する人々もいました。

「それらの非難の奥には、兄の人気への嫉妬と盲目的憎悪が潜んでいました」

次いでシャルロットは、ロベスピエールを不当に中傷する著書とその著者をあげ、たとえば、ビヨ・ヴァレンヌ（※ Billaud-Varenne　左派過激派で無神論者、公安委員会のメンバー）の言動が彼のものとされている、と抗議、彼は、彼以外の人間たちが犯した罪悪の数々をなすりつけられた、と書いています。

さらに、ナポレオンがセント・ヘレナで言った言葉を引用します。

「ロベスピエールは革命のスケープゴートにされた、人は、他の者たちの罪をすべて彼に着せたのだ」

この章をシャルロットは次のように結んでいます。

「おお、後世の人々よ、あなた方のみが私の最後の希望です。あなた方こそ我が兄の無実を認めてくれるでしょう、そして彼に歴史上の正しい地位を与えてくれるでしょう。あなた方こそ、彼に冷静なる判断を下してくれることでしょう」

第四章　シャルロットのニースへの旅、マダム・リコールの陰謀

この章では、シャルロットは南仏への命がけの旅、およびその後に起こった不幸な出来事について語ります。

「私の弟ともう一人の代議員リコール（Ricord）は、国民公会の命によりイタリアの駐留軍へ送り込まれることとなりました。その軍司令部はニースにありましたが、国民公会が代議員を使節として軍に送るという素晴らしいアイデアを持っていたこと、またその使節の派遣によりフランスが目覚しい軍事的成功を成し遂げていたことはよく知られていました。

リコールがその旅に妻を伴っていくことを知っていた私は、弟に同行しようと考え、一緒に連れていってくれと懇願、彼は喜んで私の頼みを聞き入れてくれました。この時まで私と弟の深い愛情はまったく損なわれることはありませんでし

た。兄、弟と私は家族としてそれまでにはなかったほど強く結ばれていたのです。その見事な和合をかき乱した人々は何と罪深いのでしょう！

私たちがいつ出発したのかはっきりとは憶えておりませんが、あの時期、南仏は山岳党と激しく対立していて、彼らは五月三十一日の法令（ジロンド党逮捕の令）を逃れたジロンド党の代議員たちに扇動されて反乱を起こしていたということだけは記憶しています。そして王党派は、ツーロンをイギリスに明け渡すことまでやっていたと思います。

リヨンも暴動を起こしていました。私たちがリヨンに到着した時、町の平穏は見かけのみでした。私たちの馬車は市庁舎へ向かい、弟とリコールは市庁舎に入っていきました。マダム・リコールと私は馬車の中にとどまっていましたが、間もなく群衆に取り囲まれ、その群衆はどんどん膨れ上がり、私たちに、パリでは自分たちのことをどのように言っているのか？　と聞きました。話を長引かせないように私たちは何も知らないと答えました。すると彼らの代弁者と思われる数人の男が、怒りの口調で言いました。『パリの人々が自分たちのことを反革命派だと言っていることを我々は知っている。しかしそれは嘘だ。我々の徽章を見ろ』事実彼らは国家のトリコロールの徽章を身につけていました。でもそれは何の証明でもありませんでした。最初の革命に最も強く反発した反革命派でさえ、トリコロールの徽章を付けていたのを私たちは見なかったか。そして一八三〇年の革命以来、あの徽章を付けていた者の中に、内心では革命の敵であった者たちがいなかっただろうか。

マダム・リコールと私がこのようにほとんど怒り狂っている男たちの尋問を受けますます立場が悪くなっていた時、弟とリコールは市の役人たちに厳しく弁明を求めていました。後者は威嚇的な口調で、ジロンド党の失脚についての責任は弟とリコールの二人にあると言わんばかりでした。二人の代議員はしっかり威厳を保ち、リヨンのコンミューンを黙らせるような確固とした態度で、彼らに答えるべく説明しました。市庁舎を出た弟とリコールは馬車に乗り込みましたが、今後私たちはリヨンに滞在できるか、はたまたこのまま本来の旅を続ける方が安全かと話し合いました。リヨンの人々が、かつて弟たちの同僚二名の身柄を拘束したように、彼らをも投獄する危険があったからなのです。結局このまま立ち去る方が無難だろうという結論になり、私たちは急いでリヨンを発ちました。

　しかしながら、私たちの旅は一日にわずかずつの行程だったので、私たちのニースへの旅の噂は、途中私たちが通過せねばならない道すがらに広がらぬわけはなく、一般的に険悪な性格のプロヴァンスの住民が弟とリコールへ過激な行動に走ることが懸念されました。そこで私たちは、本街道を避け、マノスクへ向かう抜け道を選びました。

　この小さな町に私たちは二日間泊まりました。しかしここでも恐れていたことが起こり、私たちが誰であるかが既に知られていて、私たちは敵意に満ちた視線にさらされました。この町の激怒した精神状態を考慮すれば、私たちのマノスク滞在も安全ではなかったのです。私たちには大変心強い二名の哨兵が警護として同行してくれていました。再び旅への出発が問題となった時、彼らはその地域の偵察のために先発隊として出発しましたが、私たちがこれから渡らねばならないデュランス川の河畔に到着するやいなや、その二名の哨兵が息せき切って戻ってきて、武装したマルセイユ人が川の対岸におり、大砲まで持っている、と告げました。

マルセイユは革命政府に対し、露骨に反旗をひるがえしていました。そして周囲の県に蜂起させる目的で既に反乱軍の分遣隊を送り出していました。私たちがまさにデュランス川を渡ろうとしていた時、実に不運にも出会ったのは、そのような分遣隊の一つでした。私たちはそのままもと来た道をマノスクへと引き返し、別の抜け道をとろうとしました。しかしこの町を再度離れる前に二人の国民公会議員（※オギュスタンとリコールのこと）は、渡し船のケーブルを切るように、と断固として要求しました（※両岸に繋がれたケーブルで、これを引くことにより船を渡したらしく、ケーブルを切ることにより敵の追撃をはばもうという意図だったらしい)。先方は拒否、住民の態度は威嚇的でした。弟とリコールはさらに厳しく要求を繰り返し、結局住民側は、彼らの言葉の支配力に屈したのか、あるいは国家的主権を持った国民公会の代議員への尊敬をまだ少しばかり持っていたのか、その命令に従ったものの、渡し船のケーブルは一本しか切断しませんでした。弟と同僚は、それには気づかぬ振りをし、渡し船はもう運航されないと信じているように装いました。しかしその船が敵に道を開くことはよくわかっていました。そしてまさにそれは現実となりました。

私たちは二名の哨兵の先導でマノスクを出発、フォルカルキエに向かいました。愛国者であるマノスク市長は(※当時の愛国者という言葉は、一般的な意味ではなく、革命擁護者として共和国を愛する人々という意味で用いられた)私たちの馬車がその町を出た時私たちに合流し、五十名の国民軍による護衛を申し出ました。二人の国民公会議員は、マノスクの国民軍をあまり信用はしていなかったので、その市長の親切な申し出に感謝の意を表したものの、その護衛は受け入れませんでした。

　私たちは、何の不運に見舞われることなく、フォルカルキエに到着しました。その町の愛国者たちは私たちに色々奉仕してくれまして、夕食の準備をし、その間中私たちに付き添ってくれました。私たちはわずかでも食事をとり、睡眠をとる必要に迫られていました。時刻は夜の十一時でしたが、私たちは朝から何も口にせず休息もまったくとれませんでした。しかし私たちがテーブルにつくや否や、マノスクの市長から緊急の知らせが届き、マルセイユ人が私たちを追ってきた、私たちが、怒り狂った彼らをかわすべく即座に逃亡しなければ彼らは私たちに追いつくだろう、と告げました。危険は差し迫っていました。フォルカルキエにとどまることは不可避の死に直面することでした。システロンへ通じる本街道をたどることは同様な危険に陥ることでした、というのも、マルセイユ人が私たちの追跡を続け追いつくことは確実だったからです。それゆえ私たちに残された唯一の選択肢は、フォルカルキエとヴォクルズ県の間の山へ行き着くことでした。

馬車はもう役に立たなかったので、私たちは馬に乗り、案内役を務めてくれる十人ほどの愛国者に同行され、夜通し、ひどい悪路の急坂を登り続けました。馬は私たちをやっとのこと運んでいるという有様で、絶えずつまずきました。

激しい疲労の旅の後、私たちは早朝にある村にたどり着きましたが、その村では尊敬に値するような立派な牧者が率直な態度で、心温まる友情をもって私たちを接待してくれました。数日間の休息の後私たちはまた進み続け、夜ヴォクルズ県のソルに着きました。道中の一部で同行してくれた若い医師が、私たちを知り合いの二人の婦人の家へ案内してくれましたが、その婦人たちは私たちをこの上なく親切に迎えてくれて、私たちが滞在した三日間の間最も細やかな思いやりでもてなしてくれました。弟とリコールはその若い医師と親しくなり、彼が、ブールージュで開催される予定の新国民公会に出席することになっていると聞きました。しかしその国民公会は実は反革命的な目的を持ち、ジロンド党が最後の手段として開催を訴えたものでした。ジロンド党が山岳党に対抗するにはもはやそのたった一つの手段しかありませんでした。その事実を知るやいなや、その医師は、問題の新国民公会には絶対に出席しないと宣言し、また、彼の友人たちが、山岳党に対して犯すこととなる過ち、自分も陥りかけたその過ちから抜け出すように力を尽くすと言いました」

ソルの町に三日間滞在して後、彼らはマノスクへ戻ります。オギュスタンとリコールは市役所へ行き、町の住民たちの彼らに対するひどい態度やマルセイユ人たちを歓迎したことを訴えます。役人たちは、その連中を罰すると約束しましたが、実際には、市長を例外として彼らも皆反革命派でした。そのマノスクでシャルロットたちが聞いたところでは、彼らが急遽フォルカルキエを脱した三十分後にマルセイユ人が到着、二人の国民公会議員を町中探し回り、置き去りにされていた馬車のみを発見、それを意気揚々とマルセイユへ引いて行きました。そこでオギュスタンたちはその馬車の返還を要求、馬車は返されましたが、床下に隠されているかもしれない路銀を探すマルセイユ人によって解体・破壊されていてまったく使い物にならない状態になっていました。苦難多き旅の後、彼らはついにニースに到着します。そこではフランス軍の師団が駐留していて、オギュスタンとリコールが視察のために不在の間、その師団長と司令部が、二人の女性の警護に当たってくれます。しかしニースも決して友好的な都市ではありませんでした。

シャルロットは語ります。

「ニースに滞在中、私たちは三度しか劇場へ出かけませんでした。一回目、住民たちは私たちに一応の敬意を表しました。しかし二回目の時、彼らは私たちが予約した桟敷を取り押さえてしまいました。そして三回目にはリンゴを投げつけました、一つも私たちに命中はしませんでしたが。それを知った軍司令官は、私たちに彼の桟敷へ来るようにと勧めました。その後もう何も投げつけられませんでしたが、私たちは早々に引き上げ、以後二度と劇場に足を運ぶことはありませんでした」

そのイタリア駐留軍は以前からひどい窮乏状態にありました。オギュスタンとリコールは各師団の視察に回り、乱れた秩序を正し、物資が十分に補給されるように事態の改善に力を尽くします。その間シャルロットとマダム・リコールは兵隊たちのシャツを縫います。また夜は休憩のためにニース近郊を徒歩や馬で散策して過ごしました。ところがこの行為が、敵に攻撃の火種を与えることになります。

「私たちの乗馬の散策は噂に上り、邪悪な敵に餌をまくことになってしまいました。人々はパリに、私たちが貴婦人ぶっている、と書き送り、貴族たちに金で買われたいくつかの新聞は、その馬鹿馬鹿しい非難を書きたてて宣伝しました。マクシミリヤン・ロベスピエールは私に用心を促す手紙を送ってきました。弟も私に同じように注意し、私は以後絶対に乗馬を楽しむことはしないと約束しました。

社交界で最も軽薄で無分別な女性であるマダム・リコールは同様に約束したものの、その約束を守る気なぞまったくありませんでした。ここで私は彼女の人格について語らねばなりません。長い間私は、彼女はただ色っぽくて軽率なだけ、と信じておりましたが、私自身の体験から、彼女はよこしまで、私と弟との間にいざこざを起こさせ、私がパリへ帰るようにあらゆる陰謀を企んでいた、ということがわかったのです。私の存在は彼女にとっては耐え難いものでした。悦楽の生活に夢中で、自分の名誉を重んじる女性には決して許されないような快楽にさえ身をゆだねる彼女にとって、私は、厳しくて厳格な目撃証人でありとても煩わしい存在だったのです。私に好意を持ってくれていたある女性は、マダム・リコールや、付き合いがあった別の女性、同様に下らないその女性の馬術場で、私が彼女たちの社交界から締め出しを食っていることを見て、私に何度も言いました。『あなたはここにいらっしゃるにはあまりにも道徳的過ぎるのですよ。あなたのこちらでの存在そのものが物議をかもすのです』これらの言葉の意味を私は当初理解できませんでした。後日、私がもっと陰険な裏切り行為の犠牲になった時、私はあの言葉を思い起こし、その意味をわからなかった自分の単純さに感心したぐらいでした。

私の二人の兄弟によって厳禁となった乗馬の散策にお話を戻します。ある日のこと、弟とリコールが視察旅行で不在だった時、マダム・リコールが私を乗馬に誘いました。それというのも、彼女と私は彼女の知り合いの家のディナーに招待されたのです。そのディナーの後、馬に乗れない人々のために馬車が用意されていました。するとマダム・リコールは、まるですべて予定されていたかのように言いました。『さあ出かけましょう、馬車も馬もあるわ』私は彼女に歩み寄り、低い声で、私の兄弟がそれを禁じていることを指摘しました。しかし彼女は私の言うことには耳を貸さず、笑いながら遠ざかりました。そこに居合わせた人々をおもんばかって私はそれ以上説明せず、諦めて馬車に乗り込みました。

その散策の間中私は、弟の命令に背いているという思いで、悲しく重い心を抱いておりました。私が他の人々と楽しみを共有することがなかったのは確かなことで、自分の住まいから出かけなければよかったと何千回も後悔しました。唯一の考えが私の慰めでした。私は心の中で言いました、もし弟が、この散策がいかに不可避であったかを理解してくれたなら、彼は、私がマダム・リコールに注意したのに彼女が私を無視したこと、この散策を希望したのは彼女の方で、私は彼女に従うほかなかったこと、そしてせめて彼女に事の全責任があることを認めてくれるであろうと。

二日後に弟は帰ってきましたが、その日には彼はあの遊びの会のことを一切口にしなかったので、私は、彼は私のことを怒ってはいない、と信じました、私にはどうしようもない事態だったので。しかしその翌日、何と彼は私を非難、私は驚きました。私は弁解したかった、しかし彼は、あの遊びの会を望んだのは私の方だった、と答えました。そこで私はマダム・リコールに証言させるように求めました。あの女が、事実を述べるどころか、ずうずうしくも平然と、散策をしたがったのは事実私の方であり、嫌がる彼女を無理に引き込んだ、と主張した時の私の狼狽、私の驚きと怒りはいかなるものだったでしょうか！　私は打ちのめされ、返答の言葉を失いました。マダム・リコールの確固とした明言と私の狼狽振りを見た周囲の人々は、私を有罪と信じたことでしょう。でも私の弟はあのおぞましい嘘を信じるべきだったでしょうか？　私を知っている彼は、私が嘘を言うわけはない、とわかっていたはずです。何故彼は私の言うことを信じようとしなかったのか？　一人になってから私は泣き崩れました。あの場面は私の心にこの上なく痛ましい刻印を残しました。でも私は自分の苦しみを自分の中に抑え、特に弟に対し表に出さぬように努めました。彼はその後もう私には何も話さず、もし彼が私に対し、私を絶望に追いやるような冷たい態度を保持することがなかったなら、何事もなかったような有様だったでしょう。これがマダム・リコールの虚言の結果でした。彼女に関しては、危惧しているような様子もふさぎこんでいる感じもまったくありませんでした。彼女は相変わらずよく笑い、はしゃいでいました。彼女の満足げな様子を見た人は、彼女は本当に自分自身について幸せで、彼女は世界で一番の善行をなしたのだと言うでしょう。

彼女にかくも残酷にもてあそばれた後、私がもはや彼女に対し尊敬の念も友情も抱けなかった、ということは容易に想像していただけると思います。私が今語った場面以前に彼女に尊敬や友情を感じていたとしても、この程度だったということにもなります。実際のところ、妻としての義務や礼節をかえりみず、最もひどい無分別な行動を仕出かす女を尊敬できるでしょうか？　我が弟を絶えず誘惑し続けた女をどうして愛することができるでしょうか？　自己の名誉と義務を重んじる弟は決して彼女の誘いには答えませんでしたが（※当時の証言によればオギュスタンは事実マダム・リコールの愛人であったらしい。彼は様々な女性と浮名を流しており、兄からしばしば叱責されていた）。実際のところ、もし羞恥心のゆえに私のペンが止まってしまうことがなかったならば、私はマダム・リコールに関し決して彼女の賞賛とはなり得ない事柄を述べるでしょう。彼女は若くて魅力的でした。けれども彼女の媚態は少なくとも彼女の美貌に匹敵していました。彼女は自分が輝き続けていることを欲し、どんな代価を払っても熱愛されることを望み、自分への注意を引くためには手段を選びませんでした。

リコールは妻を愛しており、彼女に対して絶大な信頼感を持っていました。数え切れないほどの任務に打ち込んでいた彼は、妻の軽率な言動に気づくことはなく、彼女を疑うことなどまったくあり得なかったでしょう。リコールは公私ともにあらゆる美徳を備えていました。愛国心に関しては、人が彼に匹敵することはできても、彼を超えることはできませんでした。彼は最も熱烈で大胆不敵な山岳党員の一人だったのです。頼もしくて忠実な友であり、優しい夫であった彼は、もっと別の女性にふさわしかったのであり、私の考えでは、これほど釣り合わない夫婦はなかったでしょう。おそらく彼は、妻の私に対するあくどい態度のことはいつも知らずにいたと思います。彼女は彼に、私について告げ口をするでしょうし、彼は彼女の目を通してしか物事を見ようとしないから、彼は彼女の言うことをすべて信じることになったでしょう。

　私のニースからの旅立ちの日は、私がそれと気づかぬうちに近づいていました。マダム・リコールが私の弟に絶えず私についての悪口を吹き込み、私が彼の愛情を失うように数々の嘘を作り上げていたことを、当時私は知りませんでした、後日やっとそのことを知ったのです。我が弟の私への冷たさは日に日に増していましたが、その原因が一体何だったのか私にはわかりませんでした。おそらく私はオギュスタンに、その彼の変化について説明を求めるべきだったのでしょう。しかし、彼があまりにも多忙で仕事に押しつぶされているような様子だったので、私はその決断をできませんでした。私たちは二人とも、最も残酷な欺瞞的行為の犠牲者だったのです。

　この私がいなければ、弟は、自分の愛を求める気持ちをもっと感じてくれるだろう、と考えたかもしれないマダム・リコールは、私を彼から遠ざけるように企みました。彼女は私に罠をかけ、私は真っ先にその罠に落ちてしまいました。私は彼女の手練手管に対抗できるような性格ではなかったのです。弟が六日間の出張のためにニースを離れた時、マダム・リコールは、彼の不在の間私がグラースに住む彼女の友人の家で過ごすように提案しました。何も疑わず、私はその招待を受け入れ、私たちは出発しました。ところがグラースに到着するやいなや、ニース宛に送られてきたという手紙（と人は言いました）がマダム・リコールのもとに持ってこられました。彼女は私に、それは私の弟からの手紙で、彼は一刻も早くパリへ帰るようにと私に頼んでいる、と言いました。私がいかばかり驚いたかは容易に判断されるでしょう！　我が弟が、私の顔も見ず、別れの言葉さえも言うことなく、まるで私が追放される罪人であるかのようにパリへ追い返してしまうなどと、これほどに信じ難いことはなかったでしょう。にも拘らず私は、その粗暴な罠に飛び込んでしまったのです。自分の憤りにのみ耳を傾けた私は即座にパリ行きの特別馬車に席を予約し、翌朝パリへ出発しました。

以来私はあの慌しい出発につき、悲嘆に暮れながら幾度となく考えました。弟が私に出発せよ、と急き立てているとされたその手紙を私は、自分に見せてくれ、と要求すべきでした。私はニースに引き返し、そこで弟の帰りを待ち、本当に彼が私を彼の元から追い払ったのかどうか聞きただすべきでした。私は彼自身の口から、それとは反対の証拠を得たことでしょう。私の目は自分の足の下に掘られた深淵に開かれ、また弟も、彼が信用していた一人の女、それまであらゆる中傷、あらゆる虚言で彼をみごとにたぶらかしていた女の振る舞いに目が覚めたことでしょう。

しかし私にとって不幸なことに、事態はこのようには運びませんでした。私はマダム・リコールの言葉を鵜呑みにして、あの自分の突然のパリへの出発について弟が邪推するかもしれないあらゆる事柄に思いを馳せようとはしなかった。マダム・リコールは彼に、あなたの姉は弟に何の愛情も持っていないから、あなたに会わずに帰ってしまったのだ、と言ったかもしれない。ああ、そんなことを彼女が言わなかったのならいいのですが！　彼女はあらゆる手段で、彼の私への反感をあおりたてたことでしょう。彼がパリに帰ってきた時、マダム・リコールの悪意の毒に満ちた意図が弟の心に及ぼした影響を見抜くのは、私にとっては容易なことでした。彼はもう私に会うことを望まず、私が彼に私のことを正当に弁解する前に、テルミドール政変の事件が起こってしまいました。かくして、二人の兄弟を失った苦しみに、そのうちの一人に誤解されてしまったという苦しみが加わりました。彼は私が彼に対しひどい仕打ちをした、という考えを、墓場へと持っていったのです。私ほど不幸な人間がいるでしょうか？　そしてマダム・リコールは自分がやったことに大満足でした。彼女は自分が私の一生を涙と後悔で一杯にしてしまったことを知ろうともしなかったのです」

第五章　ロベスピエール暗殺未遂事件――テルミドールの政変

フーシェ、マラー、ダントン、デムーランについて

近づくテルミドールの危機の前触れのように、ロベスピエールには暗殺者の刃の影が忍び寄ります。この章でシャルロットは、あまり知られてはいない二つの事件について語ります。

「ある日私たちがデュプレイ家に集まっていた時、一人の男が現れ、マクシミリヤン・ロベスピエールと話をしたい、と言いました。弟が彼を迎え、彼の希望を聞いたところ、彼はどうしてもロベスピエールと個別に話さねばならぬと答えました。そこで弟はその人物の後について彼を隣室へ入れました。その少し後、私たちはただならぬ騒音を聞きました。たちどころにあの人物への疑惑が起こりま

した。私たちが慌ててその隣の部屋に入ったところ、その男は兄の喉をつかみ、彼を壁に押しつけて絞め殺そうとしていました。その男はヘラクレスのような巨漢で、華奢でデリケートな体の兄は赤子の手をねじるような相手でした。私たちが金切り声で悲鳴をあげるとその暗殺者は彼の犠牲者を放して逃げ去りました。私たちは兄を助けることに無我夢中で、犯人の逃げ道を遮ることにまで考えが及びませんでした。

また別の日には、二人連れの男がデュプレイ家を訪れ、同じように兄に話をしたいと言いましたが、兄は不在でした。その旨を告げましたが、彼らはどうしても兄に会いたいと言い張りました。彼らの表情、態度、言葉にさえも疑惑が持たれました。すべてが彼らの危険な意図を表していたのです。その訪問の理由をさらに問い詰められると、その男たちはそれ以上答えなかったので、私たちはその二人がマクシミリヤンの命を狙う悪党であることを確信しました。彼らはどうしてもロベスピエールと話をしなければならないのでまた出直してくると言い残しました。事実その翌日、ディナーの時刻、私たちがテーブルについていた時彼らは再び現れました。ただし彼らは一緒ではありませんでした、多分その犯罪の遂行のためにデュプレイ家で待ち合わせることにしていたのでしょう。最初にやって来た方は、そわそわした様子で、ロベスピエールに個人的に話をしたいと言いました。私たちは彼に彼らの破廉恥な企みは発覚していると告げました。それを聞くと男は狼狽し、何か口ごもりながら大急ぎで立ち去りました。そのわずか数分の後、前日現れたもう一人の男が到着、私たちは彼にしゃべる時間を与えず、お前たちの共犯者がたった今やって来た、先に去った彼を追うほかにすべはない、お前の襲撃は失敗に終わったと言いました。彼の意気をくじくのにはそれで十分でした。彼は雷に打たれたように打ちのめされ、私たちに追っ手をかけられるかのように逃げ去りました。

この二つの事件や、他の多くの出来事により、ロベスピエールは、暗殺者の集団が組織され、自分の命を狙っていることを確信することになったのです（※大

デュプレイ家の前から連行されるセシル・ルノー（挿絵10）

きなロベスピエール暗殺未遂事件としては、一七九四年五月のこと、革命によって社会的地位を失い、失業・酒・賭け事・麻薬で身を持ち崩した中年の男が、ロベスピエールを諸悪の根源と見なしたのか、彼の暗殺を計画、自宅・国民公会・公安委員会と探し回ったが結局見つからず、夜自分と同じアパートに住む議員のコロー・デルボア（Collot d'Herbois）に発砲した。その翌日、アンシャンレジームの元ではもっと生活が楽だったという王党派の男の娘、セシル・ルノーが、短刀二本を隠し持って、デュプレイ家を訪れ、ロベスピエールへの面会を要求、エレオノール・デュプレイに阻止され、保安委員会へ引き渡され、やはり未遂に終わった)」

　このように、外国の王国政府や外国へ逃れたフランス貴族の移民たち、またフランス国内の貴族たちや王党派が、革命政府の公安委員会をつぶし、とりわけロベスピエールを暗殺しようと陰謀を練っていました。一連の暗殺未遂事件の後ロベスピエールは国民公会である演説を行っていますが、その演説の要旨をシャルロットは次のように語っています。

「彼は演説の中で明言しています、『私は死を予期している、しかし自由と平等という神聖なる大儀のための死なら至福である。悪党どもは私の生涯を終わらせようとかくも早くから私を狙っているから、私は残されたこの地上での時間の中で可能な限り、人々の幸福のための善行を急いで行わねばならない。また、私の日々をつなぐ糸を切ろうと彼らが急げば急ぐほど私は自分の行動に命を捧げねばならない。私の死後、人々にとって愛しい一人の人間の名前を残すような行動に』……と。けれどもただ一つの懸念が彼を責め苛んでいました、それは悪党たちが彼を暗殺して後、彼の中傷を流すことでした。
この件につき彼は数行の詩を残しています、私はそのうちの五行しか記憶しておりませんが。

正義の人にとって最後の時間の最後の苦しみ
私を苛むただ一つの苦しみ
それは、死に際して、青白く陰湿な嫉妬が
私の額の上に不名誉と汚辱を流すことを見ること
人々のために死に、その人々にひどく嫌悪されること」

（※）「嫉妬」はロベスピエールの名声と人気に対する嫉妬、ただし、この文章がロベスピエールの死後、彼が所有していた書類の中から発見された、というだけで、真に彼の作品であったかどうかは不明。

「兄マクシミリヤンに自分の死が近いことを予感させたものは、貴族たちが彼にちらつかせた刃のきらめきというよりも、愛国者とされている多くの人物の彼に対する態度でした。彼は自分の考えを辛らつであからさまな言葉で表現し、それが、後ろめたく感じている人物たちに不満を抱かせることとなりました。テルミドールの陰謀に深く関わった男たちの大部分は、彼らの行動をロベスピエールに激しく糾弾されたことのみを根に持っていました。フーシェ（Joseph Fouché）もその一人でした」

フーシェはかつてナント市のオラトリオ会派の中学校の校長でしたが、その後聖職を捨て、共和国主義者となり、国民公会議員に選ばれました。シャルロット

ジョセフ・フーシェ（Joseph Fouché、1759-1820）の肖像
（挿絵11）

によれば、そんなフーシェをロベスピエールは当初高く評価し、深い信頼を置き、妹に素晴らしい友人として紹介し、以後フーシェは熱心にシャルロットの元に通います。

「フーシェはハンサムではありませんでしたが、魅力的な才気を持ち、また大変優しい人でした。彼は私に結婚の話を持ち出し、私にもそのような絆に対する嫌悪感はまったくなく、純粋な民主主義者として、そして友人として、兄が私に紹介したその男性の求婚を喜んで受け容れる気持ちでおりました。

私はフーシェが偽善者であり、狡猾で、信念も道徳心も持たず、自己の燃えるような野望を満たすためには何でもするような人物であることを知りませんでした。彼はマクシミリヤンに対するように私に対しても、邪な感情や悪の情熱を実にうまく隠していたので、兄も私もすっかり騙されました。私は彼の求婚に対し、兄に相談し自分でもよく考えてみますので、決心のために少しばかり時間をくださいと答えました。私と彼の結婚につき、まったく異を唱えるとは考えられなかったロベスピエールに、本気でその話をするつもりでおりました。

ちょうどその時期にフーシェはコロー・デルボアとともに、リヨンへ派遣されました。彼ら二人がそのリヨンでどのような振る舞いをしたかは、誰もが知るところです。彼らはかの地で、凄まじい殺戮の血を流し、共和国第二の都市を恐怖と茫然自失に陥れたのです。ロベスピエールはこの件につき大変憤りました。彼の敵たちは、残忍な総督を地方の県へ送ったと彼のことを責めましたが、事実はそれとは反対で、ひどい残虐行為をなすために、自分たちの限りない権力を乱用した代議員たちのほとんどを解任、召還したのは兄ロベスピエールでした。節度と厳格さを保ち、革命を人々にとっておぞましいものにするのではなく、大切なものと認識されるように努めよという旨の手紙を、地方へ派遣された国民の代表者たちにひたすら送り続けたのも彼でした。彼はビヨ・ヴァレンヌが庇護していたカリエ（Carrier）の召還を幾度も要求しましたが、それは実現しませんでした（※カリエは投獄されていた反共和国派を船に押し込めロワール川で沈めてしまったという残虐行為で知られる）。フーシェの召還には幸いにも成功しましたが。

フーシェがパリへ帰りロベスピエールに面会した折私も同席していました。兄は彼に、彼が引き起こした流血事件についての説明を求め、彼の行為をあまりにも激しい勢いで糾弾したので、フーシェは青ざめ震えていました。彼はいくつかの言い訳を口ごもり、彼がとった残酷な手段は重大な状況のためやむを得なかった、と弁明しました。ロベスピエールは、いかなる状況も、彼の犯罪行為を正当化することはできない、確かにリヨンは国民公会に対し反乱を起こしてはいたが、それは武器を持たない敵の集団に一斉射撃を加える理由にはならぬ、と答えました。

あの日以来フーシェは私の兄の最も和解し得ない敵となり、兄の破滅を画策する徒党にくみすることになりました。フーシェは二度と私の元に足を運ぶことはなくなりましたが、私は、ほとんど毎日散歩していたシャンゼリゼーで数回彼に出会いました、そんな時彼は、兄との間に何もなかったかのように私に話しかけたものです。彼がマクシミリヤンの公然の敵となったことを知ってから、私はもう彼と言葉を交わすことを望みませんでした。この男と私に関し、人々は破廉恥な話を語り広げました、つまりテルミドール九日の前も後も私は彼の愛人だったと。それは実におぞましい中傷です！」

シャルロットは、フーシェが彼女に求婚したのは彼自身の利益のゆえだったと断言します。政界で最高の地位にあった人物の義理の弟という肩書きは、彼のプライドと野心にとってこの上もなく好ましいものだったと。その後の彼の言動がそれを証明しました。もしこのような男と結婚したなら自分の身の上はどのようになっていただろう？　とシャルロットは結びます。次いで彼女はふたたび弟について語ります。

話が前に戻りますが、ニースからパリへ帰ってきたオギュスタンは、リコールの家に滞在し、姉が住む自宅に足を踏み入れることはありませんでした、彼は姉に腹を立てていた、とシャルロットは書いています。しかしこの時点では彼女は、裏にマダム・リコールの策謀があったことをまだ知らずにいました。

「弟は、私に会うことなく、再度イタリア駐留軍の元へ発ちました。私はマクシミリヤンに私たちの仲たがいについてあえて話そうとはしませんでした。彼はあまりにも多忙で、瞬時の時間さえ惜しまれる有様でした。一方弟は彼にすべてを語りました。私が弟へのあからさまな絶縁の行為として急にグラースを発ってしまったことのみならず、弟とマダム・リコールの振る舞いにつき、それぞれの名誉を毀損するような噂を私が流したとまで言いました（※オギュスタンは兄マクシミリヤン宛の手紙の中で次のように書いている。『僕の姉は我々と同じ血を一滴も持っていない。彼女の態度、振る舞いはあまりにもひどく、我々の最大の敵といえる。彼女は我々の汚れなき名声を、けしからん行動によって危うくしようとしている。彼女を直ちにアラス市へ送り返し、我々の絶望となるような女を我々から遠ざけねばならない。彼女は我々を悪名高い悪い兄弟に仕立てるべく、我々に対する中傷をばら撒いている……』）。マダム・リコールと彼女の尊敬すべき友人たるマダム・ジェスネル（Gesnel）は、弟のオギュスタンに、私が彼のことや彼の同僚の妻のことまで中傷した、とみごとに信じ込ませたのです。何という卑劣さ！　何という極悪！　マクシミリヤンは私に何も言いませんでしたが、私に不満を抱いていることは感じられました。私は弟にも兄にも説明を求めるべきでした。しかし、自分自身の潔白の思いが私を押しとどめました。私が一体どんな悪いことをしたと言うのか？　何一つしてはいない。私は自分の無罪の証明を時間にゆだねました。さらに私には、何故二人の兄弟が私に対して不満を持っていたのかわからず、またマダム・リコールの悪意によるかくも巧みな画策を疑うことも知らず、兄弟たちの私への不満がいかに深刻なものであったかについても考えていませんでした。テルミドール九日の後やっと私はその恐ろしい真実を知ったのです。その時すべてが判明し、その時初めて私には二人の兄弟の私への態度の理由がわかりました、しかし時既に遅く、もはや彼らに私自身の弁明をする時間はありませんでした、かくして私の敵たちは勝利したのです（mes ennemis triomphaient）」

この「mes ennemis triomphaient」という言葉は、ロベスピエールが国民公会で失脚の直後言ったとされる「les brigands triomphent」（悪党どもは勝利する）

という言葉を思い出させます。シャルロットはこのことを意識していたかもしれません。兄弟との痛ましい断絶に続き、彼女は弟とナポレオン・ボナパルトとの関係について語ります。イタリア駐留軍への派遣の折オギュスタンはナポレオンとの親交を深めます。ナポレオンはロベスピエール兄弟を高く評価、とりわけ兄マクシミリヤンの才能、エネルギー、高潔な愛国心と意思に感服していました。ナポレオンは誠実な共和主義者、いえ、山岳党の共和主義者であったとさえ言える、とシャルロットは言い切ります。彼女によれば、その後の目覚しい勝利のゆえに、彼は同胞の上に立ち支配することを熱望するようになった、しかし彼がイタリア駐留軍砲兵隊の一将軍に過ぎなかった頃、彼は大きな自由と真なる平等の支持者だったと。ところでシャルロットは、フランス革命研究の歴史家たちが誰も語ってはいない事実として、ナポレオンがテルミドール九日の後、イタリア駐留軍の駐屯地でオギュスタンとリコールの後を引き継いだ派遣議員に、パリへ進軍し、ロベスピエール兄弟を打ち倒した反革命の指導者たちを罰するよう提案した、と書いていますが、これはどうやらシャルロットの勘違いのようです。というのもロベスピエール失脚の知らせが南仏に届くや否やナポレオンは逮捕されたので、上記のような行動は不可能だったと思われます。

ロベスピエール兄弟の死後シャルロットは、彼らの友人で同じアラス市の出身であったマトンの元に身を寄せます。ナポレオンが第一総督になった時、人は彼女に彼に謁見するように勧めます。ナポレオンは彼女を快く受け容れ、ロベスピエール兄弟を褒め称え、シャルロットのために可能な限り手を尽くすと言って、彼女の要望をたずねます。彼女は自分の窮乏を訴え、彼は十分な考慮を約束、その数日後に彼女は彼から恩給を授かることになります。

またシャルロットは、ジョゼフィーヌ・ボナパルトが前夫の妻であった時代から彼女と知り合っていました。ジョゼフィーヌは彼女に深い友情を示し、二人はテルミドール九日の後も会っていました。しばらくの間ジョゼフィーヌは以前と変わらない心遣いでシャルロットを自宅に迎え入れていましたが、やがて彼女の態度に変化が現れます。

「間もなく私は、彼女の私に対する態度が変わってきたことに気づきました。彼女の私への冷たさ、無関心さは増すばかりで、私は自尊心から、彼女にとって重荷になってきたらしい私の訪問を控えるようになりました。何回か私は門前払いされたのです。ある日たまたま彼女に出会った時、私が自分の驚きと戸惑いを説明したところ、彼女はたくさんの言い訳とともにあふれるような友情の表現を並べたので、私は無邪気に、彼女に会えなかったのは何かの誤解のためだろう、と信じたぐらいでした。『貴女があたくしを訪問してくださる時は』と彼女は言いました、『お名前を言ってくだされればすぐに門を開けてくれますよ』数日後マダム・ボナパルトの家を訪問した時、門衛がマダムはご不在だと言ったので、私は

ジャン・ポール・マラー（Jean-Paul Marat、1743-1793）の肖像（挿絵12）

自分の名を名乗り、マダムが、私の名を告げればすぐに招き入れてもらえると言った、と説明しました。『いえ、それは、マドモワゼル』と門衛は半ば冷淡に答えました、『マダムはそれと同じことを皆様におっしゃいます。でもマダムは何方にもお会いになりません』それはまさにルイ十五世の宮廷の高位にある貴婦人の傲慢無礼そのものでした」

ナポレオン・ボナパルトと彼の妻の次に、シャルロットはジャン・ポール・マラー（Jean-Paul Marat）について語ります。

マダム・ロワイヤル（Madame Royale、1778-1851）の肖像
（挿絵13）

「私はしばしば兄の名とマラーの名が、あたかも彼らの物の見方、共鳴するもの、行動が同じで、彼らが歩調を合わせて歩んできたかのように並べられているのを見ました。それはちょうど人が、ヴォルテールとルソーの肖像画や胸像を、この二人の偉大な作家が生前世界一の親友だったかのように、並べて置くのと同じことです、しかし事実は、この二人の作家は互いに耐え難い相手でした。私はマラーの長所をおとしめようとは思いませんし、彼の献身や意思に攻撃を加えようとも考えません。人々は彼が外国に買収されていると言いました。しかしそれと同じことを人は兄についても言わなかったでしょうか？　人の為すことの馬鹿

馬鹿しさには際限がありません。人は兄がルイ十六世の若い娘（※マダム・ロワイヤル　Madame Royale）に求婚した、と言わなかったでしょうか？　このような非難を耳にした後では、もう何も驚くようなことはなくなります、最も滑稽で最もあり得ないような憶測さえも私たちは覚悟せねばならないのです。これこそ愚の最たるものです。

マラーに話を戻しますが、彼は人が好んで主張したように外国に買収などされていませんでした。マラーはアンシャンレジームの汚辱と人々の惨めさを痛感していました。火のような想像力と怒りっぽい気質のゆえに、彼は熱烈な革命家となり、しばしば無謀な行動に走り過ぎましたが、彼の意思は立派で正しかったと私は繰り返します。

私の兄は、彼の過激で激情にまかせた行動には反対で、私に何回も、マラーのやり方は革命に有益どころか有害だ、と言いました。ある日マラーは兄に会いに来ました。その訪問に私たちは驚きました、何故かと言えば、通常マラーと兄は何の関わりも持っていなかったからです。彼らは最初、一般的な事柄について話し、それから革命の展開が話題となりました。最後にマラーは革命の厳格さの問題にふれ、革命政府の甘さと度の過ぎた寛容につき不満を述べました。『君は多分世界中で一番僕が高く評価する人物だ』とマラーは言いました、『しかし君が貴族たちに対し、もう少し厳しくしてくれたなら、僕の君への評価はさらに上がるだろう』『僕は君に対し逆の評価を下そう』と兄は答えました。『君は革命を危うくしている。首ばかり要求して、革命を忌むべきものにしている。処刑台は恐るべき手段で、常に有害だ。それは節度を持って、母国が滅亡の危機にある重大な局面でのみ利用すべきものなのだ』『僕は君を哀れに思う』とマラーは答えました。『君は僕が立つ高みに達していない』するとロベスピエールは言いました。『君の高みにいたら、僕は自分に憤慨するだろう』『君は僕を理解していない』とマラーは言い返しました。『我々はどうしても共に歩むことはできないかもしれない』『その可能性はある』とロベスピエールは答えました。『それが一番いいのだろう』『我々が理解し合えないのは残念だ』とマラーは付け加えました。『何故なら君は国民公会で最も清廉潔白な人物だから』

私たちはパリでの大変重大な一連の事件の前日を迎えていました。すべての潔白な愛国者が、それぞれの部署に控えていなければならない事態でした。弟のロベスピエールも、国民の敵と闘うべく国民公会の議席に構えるために帰ってきましたが、この時もまた彼は私たちのアパートには泊まりませんでした。彼は私を避けているようでした。白状しますが私は彼のことを憤っていました。弟は彼の言うことに耳を傾ける人々に、姉は彼にとって恥ずべき人間であり、彼に対しひどい仕打ちをし、もはや彼の評価に値しない、と言いました。私が何故こんな扱いを受けなければならないのか、一体私が彼に何をしたと言うのだ？　と私は自問自答していました。ルヴァサール（Levasseur）が彼の回想録の中で発表した私の手紙（※巻末付録1参照）を私が弟に宛てて書いたのはちょうどこの頃でした。私が言わねばならないことはただ、私の手紙は本来あれほど辛らつで激しいものではなかったということ、そしてかなりの確率で、私の兄弟たちの敵どもが、いくつかの言葉を勝手に付け加え、また私の言葉をさらに誇張したものに換えて、この手紙は私が兄に宛てたものとし、マクシミリヤン・ロベスピエールがいかにひどい人物であったかを強調しようと企んだことです。したがって私は次の点を強く主張します。まず問題の手紙は私が弟宛に書いたものであり、マクシミリヤン宛ではないこと、第二に、私が書いてはいない偽ものの言葉が含まれていること、そして最後に、あの手紙は公表されるべきものではなく、あくまで私の弟と私の間の問題であり、あの手紙を出版した人々が犯した忌むべき不謹慎な行為は、私にとっていくら非難しても足りない、という点です。

私は以後もう弟に再会することはありませんでした。二、三度マクシミリヤンとは顔を合わせましたが、数人の人々が居合わせており、オギュスタンと私の間に垂れ込める黒雲の話ができるような雰囲気ではありませんでした。私には、兄弟たちが国政を脅かす危険との闘いに没頭していることはわかっていました。私はすべての説明を後日へ延ばしました。

テルミドール九日が間近に迫っていました。

マクシミリヤン・ロベスピエールはもう公安委員会には現れませんでした。彼はこの委員会の内部に、フランスの暴力革命状態を引き伸ばすことを喜ぶ男たちがいることを見抜いていました。その過激な革命は、かつて、貴族たちおよびピット（※Pitt　フランス革命時代の英国首相）やコーブルク（※Coboug　オーストリアの貴族で、フランスと戦ったヨーロッパ連合軍の司令官）の代理人たちの陰謀を砕くために必要なものでした。しかし、ひとたび革命の敵たちが打ち負かされたなら、母国に迫る危険のゆえに必要であった過酷なやり方に終止符を打つことは必要不可欠であり、合法的秩序が革命体制を引き継ぐような時代が到来しなければなりませんでした。

あの当時マクシミリヤン・ロベスピエールはそういう時代が来たと信じていま

した。それゆえ彼は、革命によってできた亀裂を埋め、厳格さを寛大によって置き換えたいと考えました。しかし公安委員会の彼の同僚はこのようには考えず、特にコロー・デルボアとビヨ・ヴァレンヌは恐怖政治を永続的にすること、もしくは少なくとも無期限に引き伸ばすことを望んでいました。この意見の食い違いが、公安委員会内部での熾烈な討論に火をつけ、マクシミリヤンは彼と考えが異なるメンバーを粛清するまで公安委員会から遠ざかることを決断したのです。

『至高存在の祭典』は兄がその作者であり、その精神そのものであり、指導者であり、共和国の土台を道徳、および、神の存在と霊魂の不滅という心の慰めになる概念に根ざした道徳の上に据えたいという信念を表していました。兄がこの祭典により定めた目標のゆえに、かくも崇高な祭典が彼の敵たちの激しい非難攻撃に火をつける口火となりました。国民公会の内外に存在したあらゆる汚れ、あらゆる退廃が一塊となって、美徳のマクシミリヤンに対し結束しました。兄と手を結んで、王国主義者と一貫して闘ってきた多くの山岳党員のみならず、ジロンド

ジョルジュ・ジャック・ダントン（Georges Jacques Danton、1759-1794）の肖像（挿絵14）

党やダントン派の残党までもが、その徒党に加わりました。

彼らが兄に対して主張する最も大きな不満の一つは、ダントン（Georges Jacques Danton）を犠牲にしたということでした。この非難に根拠があるのかどうか私は知りませんが、私が知っているすべては、兄が学友であったカミーユ・デムーラン（※ Camille Desmoulins　ルイ・ル・グラン高等中学でのクラスメート、バスティーユ襲撃の前夜、パレ・ロワイヤルの庭で、市民へ武装蜂起を呼びかけたジャーナリスト）をとても愛していたこと、そして彼が逮捕されルクセンブルクに投獄されたと知ると、兄はその監獄に出かけ、カミー

カミーユ・デムーラン（Camille Desmoulins、1760-1794）の肖像（挿絵15）

ユが貴族たちと手を結ぶために捨てた真なる革命の原理に立ち戻るよう懇願したことです。もしカミーユに政治的異端を放棄せしめることができたなら、兄はカミーユを弁護し救うことができたでしょう。しかしカミーユは兄の真意を見ようとはせず、そのために兄は彼を革命裁判所の恐ろしい正義に引き渡すこととなりました。またダントンとカミーユはどちらか一方のみを救うにはあまりにも密に結束していました。したがって、もし兄が救いの手を差し伸べたときそれを拒否しなければ、カミーユとダントンの双方が命を落とすことはなかったでしょう。

ダントンとマクシミリヤン・ロベスピエールは

長年にわたって共に歩調を合わせてきました。母国への愛のみがこの二人の男を結びつけ得たのです。何故なら彼らはあらゆる点で異なっていましたから。道徳、習慣、流儀、気質、精神、そして雄弁さにおいても。ダントンは飽くことなく快楽を求める気質でした。彼は道徳において放埒で、いわゆる金遣いの荒い人間でした。彼の一人頭三〇〇フランというディナーは有名でした（※当時の職人や労働者の一年分の賃金を超える額だったらしい）。私の兄は反対に、身持ちは固く、生活の節度を保っていました。彼の好みや楽しみはあまりにも質素でした。ダントンは自分の巨額の出費を補うために国家の資金を浪費しました。ロベスピエールは公金を極力節約し、国民公会議員として手を触れる権利のある政府の補助金も、全額そっくり使いきるということは決してしませんでした。ダントンは、偉大な国民の代表者にふさわしい威厳を、自分のマナーの中に完全に保つということはしませんでした。彼の身づくろいはだらしなさそのものでした。ロベスピエールの身なりは完璧で、尊大になることなく威厳を保ち、着こなしは気取ることなく極めてきちんとしていました。ダントンは激情家で、彼の無秩序な雄弁さは、瞬間的には最も効果的でした。兄は賢明で思慮深く、物事を冷静に考察し吟味しました。彼の演説の著しい点は、大声や人を驚かす顔つきではなく、力強くて峻厳な論理であり、活字になってもその演説の本質的価値は決して落ちることはありませんでした。しかしダントンの演説は印刷されると見劣りしました。

　ペティオンとのきずなほど親密ではなかったものの、兄はダントンとも友情関係を結んでいました。私は彼らが会っている場面を何回か目撃しました。彼らは本当に心情を吐露し合って話していました。彼らの会話はほとんどいつも政情についてでした。ルイ十六世への死刑宣告の前には彼らはその裁判の問題にかかりきりでした。あれほど不実に国民を裏切った君主は罪を逃れるなどあり得ない、彼の犯した罪にふさわしい罰を受けるべきだ、という点で彼らの意見は一致していたのです。一月二十一日（※国王処刑の日）以後、ジロンド党の厚かましい態度は許し難いものになり、兄とダントンに対しあらゆる陰謀をめぐらしました。

ルイ・アントワーヌ・レオン・ド・サン＝ジュスト
（Louis Antoine Léon de Saint-Just、1767-1794）の肖像
（挿絵16）

二人は、一刻も早くジロンド派の徒党の片をつけないと革命は挫折すると話していました。その後二十二人のジロンド党員が全員処刑されて後、共和国の樹立の方策について彼らは袂を分かちました。ロベスピエールとダントンのような二人の男は、破壊することでは一致できても、再建することではまったく協調できなかったと言えるでしょう。彼らの道徳観は正反対でした。また彼らの政治についての考え方も、必然的にまったく異なっていました。これが兄とダントンの仲たがいの真なる原因だったのです。

その第一の原因にもう一つ、ダントンの革命政府に対する激しい反目が加わりました。公安委員会と保安委員会の政策で彼が辛らつに批判しないものはありませんでしたが、その活力は、かつて貴族たちに対して向けられた彼らしき活力ではありませんでした。それは革命政府に反抗するものだったので、この政府にあらゆるやり方で痛手を与えようとしていた貴族連にとっては都合のいいものになっていました。

カミーユは、少なくとも、ロベスピエールと同様にダントンとも友人関係でした。兄はカミーユに対し深い友情を抱いていました。彼は私に何度も言いました、カミーユは、私たちの弟とサン＝ジュスト（Saint-Just）の次に、彼が最も愛する傑出した革命家の一人だと。デムーランは真実の愛国者であり、我が二人の兄弟ほどではないまでも、ダントンよりは道徳的でした。彼は最も愛すべき性格でしたが、彼の破滅の原因となるような欠点をも持っていました。彼は感情を傷つけられると、傲慢で短気になり、決して人を許すことはなく、気に障る人物たちへは、辛らつで手厳しい批判をこめた恐ろしい毒舌の数々を駆使しました。

愛国心や才能で彼に遠く及ばない男たちの中には、彼の栄誉に嫉妬した者たちがいて、彼を中傷し、貴族に買収されている、と非難しました。それは熱血漢のカミーユが、彼を攻撃する者たち、あるいは攻撃はしないまでも彼の中傷者と行動方針を共にする者たちに対し怒りを爆発させるに十分な挑発でした。彼は両委員会のメンバーの中の自分の個人的な敵たちの非難に反撃する代わりに、委員会そのものを攻撃し、彼らの行動を弾劾、彼らの意図の純粋さに疑惑を唱え、貴族たちに接近さえしました。彼に対する中傷はさらに激化、というよりも、彼が非の打ち所のない人格を保っていた時期に彼に対し人が作り上げた嘘が、自分の怨恨が原因で彼がもはや清廉でなくなった時に、真実になってしまった、と言うべきでしょう。さらに彼は日に日に古くからの友人たちから離れ、ダントンと手を結びました。貴族たちは、最も恐るべき革命家たちへの反感のゆえに、彼に惜しみなく無数の賛辞を与え、彼はそのために盲目となり、ついには貴族たちの本当の共犯者になってしまったのです。

カミーユは不幸にも悪循環に陥っていました。革命の敵たちは彼を激賞、彼の主義、雄弁さ、そして革命緩和主義を褒め称えました。これらの賞賛が原因となり、彼は真の民主主義者たちの目に反革命の容疑者として映りました。彼の敵たちはそれを彼への攻撃の武器として用い、このように言いました。『カミーユは反革命派だ』彼はその非難に逆上し、攻撃側にますます激しく飛び掛り、貴族たちはそんな彼をいっそう誉めそやしました。

デムーランが、『ヴュー・コルドリエ』（※ Vieux Cordelier　旧コルドリエ派）を出版、全革命家に対しいわば訴訟を起こし、革命そのものまでも訴追したのは、ちょうどこの時でした。それは彼の側のあまりにも無分別な行動でした。いえ、それどころか罪悪でした。兄は私にこの件につき悲しげに言いました。『カミーユは頭が狂ってしまった』彼が革命の聖なる大儀から離脱するのを見て、兄はひどく悲痛な思いを抱き、自分の身を危険にさらしながら、幾度かカミーユを弁護しました。また何回も彼を立ち戻らせようと努め、彼の本当の兄弟のように説得しましたが、すべては無駄でした。ジャコバンクラブの会合の一つで、カミーユ・デムーランと彼の『ヴュー・コルドリエ』に対し、批判と非難が爆発した時、マクシミリヤンは演説をし、問題の刊行物を激しく咎めたものの、その著者については正当化しようとしました。しかしながら、彼の絶大な人気と並外れた影響力にも拘らず、その演説に対して不満がつぶやかれました。彼はカミーユを救おうと望めば彼自身の破滅となることを察知したのです。カミーユは、自分が的となっている攻撃を撃退するために兄が身を粉にしている事実を考慮せず、兄が彼の『ヴュー・コルドリエ』に向けた非難のみを記憶して、以来兄に対し辛らつな酷評を雨あられと下しました。

我が兄の敵たちは中傷という武器を実に巧みに駆使したので、間もなく全国民公会議員が彼に敵対するようになりました。彼らは、穏健派には、ロベスピエールはフランスを血の海に沈めようとしている、と言い、兄が政府の業務に関わらなくなって後パリで実施されたあらゆる処刑の責任を彼になすりつけました。また過激派、つまり彼らと同様に恐怖政治の継続を望む議員たちには、それとは反対のこと、兄は穏健派で、彼らの反革命派と闘い続けるための剣を折ろうとしている、と告げました。とどのつまり兄は革命の敵とされ、かくも理不尽な嘘を、お人好しの連中はそのまま信じ込みました。テルミドールの政変で勝利した徒党は次の二種類の連中から構成されていました。我が兄弟たちの血を渇望し、愚か者たちに彼らは残虐な人非人だと思い込ませた連中と、自身は邪悪ではないものの邪悪な徒党と手を結び彼らのなすがままになった愚か者たちでした。

兄が国民公会の演壇から姿を消して以来一ヶ月以上が経過していました。彼の義務感、彼の良心が、正義の大儀から離脱した男たちを糾弾することを彼に命じていました。ゆえに彼は、テルミドール八日に演壇に上がり、素晴らしい演説をして、彼の知り得る真実を明らかにしました。彼が公安委員会と保安委員会のメンバーを非難したこの演説を、彼の敵たちは両委員会の審査へかけると布告しました。何という愚弄でしょう！　マクシミリヤンは自分の欠席の間に国民公会の宗教が不意をついてとり押さえられてしまったことを悟りました。その失敗は翌日の破局の前触れだったのです。

ジャコバンクラブの中で一貫して清廉だったメンバーたちは兄の演説に大喝采を送り、兄は同日夕刻、ジャコバンクラブでその演説を再度読み上げました、そして彼らは敵に対して兄を支持することを約束しました。コンミューンもまた、マクシミリヤンの打倒を誓った彼の同僚たちに対し、ジャコバンクラブと同様に彼を支持する意思を表明しました。戦地から帰還したサン＝ジュストは、兄や、国民の大儀に忠実だった少数の代議員たち、クートン（Couthon）やル・バと協議し、翌日開催される次の国民公会の議会で、八日に失敗に終わった両委員会の糾弾を新たに行うと決めました。

事実、テルミドール九日、サン＝ジュストは演壇に上がりました。しかし彼が数語しゃべった時、彼の演説は突然遮られ、彼に対し、また私の兄弟たち、善なる山岳党員の全員、そしてこれらの最も清廉な代議員たちを代表として選んだ国民そのものに対し陰謀を企てる徒党に発言権が渡され、以後議会の閉会まで、私の不運な兄弟たちと彼らの友人たちは、一言も自己の無罪の証明を行うことはできませんでした。ついに彼らの逮捕が宣告されましたが、彼らが監獄へ護送される時、人々は彼らを解放し、意気揚々とパリ市庁舎へ連れていきました。

テルミドリヤンたちが、兄たちから法律的人権を剥奪する布告を出したのはこの時点でした。多数の国民が市庁舎の広場とその周辺に集結していました。兄を崇拝するそれらの人々に絶大な影響力を持っていた兄が一言発するだけで、一万人の人々が蜂起、国民公会へ進軍したことでしょう。しかし総選挙によって選ばれた国家の代表たちを深く重んじていた彼は、国民公会議員の不可侵権を侵害するよりも自分が死ぬことを選んだのです。テルミドリヤンたちは国民公会に属する軍隊を市庁舎へ差し向けました。法的人権剥奪という恐ろしい命令により、兄を守るために彼の周囲に集まっていた人々は散り散りになりました。彼の身柄は拘束され……私はこれ以上語り続けることができません。私の悲痛な思いは沈黙にゆだねるほかどうしようもありません。

翌日のテルミドール十日、私は混乱した頭で絶望を胸に街へ飛び出しました。私は兄弟たちの名を呼び、彼らを捜し求めました。彼らはコンシェルジュリーに収監されたと聞きました。私はそこへ駆けつけ、両手を合わせて彼らに会わせてくれと哀願しました。私は兵隊たちの前にひれ伏しました。彼らは私を押し返し、私の涙を笑い、私を罵倒し殴りました。私に同情した数人の通行人が私をその場から引っ張っていきました。私は理性を失っていました。何が起こったのか、自分がどうなったのかもわからず、数日後やっとそれを知り得ました。私が我に戻った時私は監獄に入れられていました。

一人の女性が私と一緒におりました。彼女は私の運命をこの上もなく親切に気遣っているように装っていました。彼女は私に、数人の人々が、私が原因で同時に逮捕された、そしてそれらの人々はおそらく私と一緒に処刑台に上がることになるだろう、と言いました。悲嘆にくれるあまり私は自分の命に執着を感じてはいませんでした。しかしテルミドール九日以前に私の知り合いだったとか、あるいは私の不幸に配慮してくれたというだけの罪状のために、私が彼らを一緒に墓場へひき連れていくという思いに、私はなおいっそう苦しみました。するとその監獄の仲間の女性は、彼らと私自身を救えるかどうかは私にかかっている、私がこの前の闘争で勝利した両委員会のメンバーに手紙を書いて慈悲を請えばそれでよい、と告げました。私は憤慨してその提案を拒否しました。『それならば』と、私に対して警察のスパイの役を果たしていたその狡猾な友は言いました、『それならばあなたは死ぬことになるわ、そしてあなたとともに十二人から十五人ぐらいの犠牲者もね、私もその一人になるのよ』それから十五日間、彼女は私に手紙を書けとしつこくせがみ続けました。『もしあなた自身のためではないにしても、他の人々のために命乞いの手紙を書きなさい、あなただけのせいで家族やこの世で愛する者すべてから引き離され、あなたが死にたいという理由で死ななければならない不運な人々のために』

彼女が私に確言したことのすべてから、彼女を友と信じ、彼女の執拗な要求に屈し、私はついに言いました、『わかりました、その手紙を書いてください、私は署名します』彼女は急いでその手紙を書きましたが、何を書いたのか私は知りませんでした。私はあまりにも悲嘆にくれ打ちひしがれていたので、そこに書かれた内容を読むことなく署名したのです。その手紙は送られ、そしてその翌日私はその監獄仲間の女性とともに釈放されました、以来その女性には会っていません。

彼女は私の名を使って何を書いたのでしょうか？　私の迫害者たちは、私が、兄が国家に対して企てた陰謀に深く関わったから、投獄されたのだ、と言いました。私の無罪を証明するために、あの女はどんな論拠をあげたのでしょうか？ああ、何とひどいことを！　私の惨状、落胆、絶望、精神錯乱、それらにつけこんで彼女は、私が拒絶するような破廉恥な事柄を手紙に書き、私に署名をさせたのではないか？　卑劣なテルミドリヤンたちがあの手紙を何かの目的に利用しようとしていたのかどうか、私は知らない。いずれにせよ、あらゆる場合に彼らはそれを成し得たでしょう（※この問題の手紙がその後発見されたという事実はなく、またテルミドリヤンたちが何かに利用した形跡もないらしい。すべては神秘の霧に包まれているようだ）。マクシミリヤンの書類を勝手に破棄し、彼らが望むような兄の発言をでっち上げて書類に作り、それを本物とすり替えた連中なのですから。それこそが彼らの犯罪の最たるものだったのです」

シャルロットの最期

シャルロット・ロベスピエールの回想録は、このように兄を中傷や事実の歪曲によって真っ黒に塗りつぶしたテルミドリヤンへの恨みと激しい抗議によって終わっています。

その彼女は生涯の最期の時期をどのように過ごしていたのでしょうか？

彼女は写真のような家の簡素な一室で暮らしていました。彼女の部屋の壁には兄マクシミリヤンの肖像画が二枚と、ナポレオンの妻ジョゼフィーヌが描かれたリトグラフが飾られていました。このリトグラフは彼女がジョゼフィーヌ自身からもらい受けたもので、おそらく恩給を与えてくれたナポレオンへの感謝の気持ちの表現として飾っていたのでしょう。またマクシミリヤンがアラス市にいた若き頃書いたロマンあふれる詩を大切に持っていて、一人で読んでは涙を流してい

シャルロットが晩年を過ごした家（挿絵17）

たそうです。投獄されていたラポヌレイエの健康を気遣い、お見舞いを忠実に続け、パリの植物園（Jardin des Plantes）のカルティエを、ナポリ原産の絹地の古いドレスに身を包み、ラポヌレイエの妹の腕にすがりながら、彼の監獄へ向かう姿が目撃されました。それは一八三四年春まで続きましたが、夏になり彼女は体調を崩し床につき、以後少しずつ衰弱していきました。

八月一日、それは真夏の太陽が部屋にさしこみ、さながら兄が魂を捧げた「至高存在の祭典」の日のような晴天でした。胸騒ぎを覚えたマトンの娘とラポヌレイエの妹が呼んだ神父を拒否、シャルロットは、壁に貼られたラポヌレイエの肖像画を

パリのカタコンブ（挿絵18）

見つめ、彼にもう二度と会えないことを深く嘆きました。それから、ゆっくりと頭を上げて窓の向こうの庭の緑と陽光あふれる空に目を馳せ、そして目を閉じました。午後四時のこと、彼女は七十四歳でした。

彼女のお葬式では、ラポヌレイエが獄中で作成した弔文が読まれ、彼女の遺体はモンパルナスの墓地に埋葬されましたが、その後、困窮するラポヌレイエとマトンの娘がやっと払えた墓地使用料は期限切れとなり、一八四〇年シャルロットの遺骸は掘り返され、無名の人々の骨と一緒にされ、パリの共同墓地、カタコンブへ移されました。

【付録1】シャルロットからオギュスタンへの手紙

私の兄弟よ（原文：Mon frère）、あなたの私への嫌悪は和らげられる（ならば私は嬉しく思うのに）どころか、ますますどうしようもないぐらいにひどくなり、私の姿を見るだけであなたがぞっとするほどになってしまいました。またあなたはもはや冷静に私の話に耳を傾けてはくれない、だから私はあなたに手紙を書こうと思ったのです。

苦しみに打ちひしがれ、考えをまとめることができないので、私はお詫びの言葉は控えます。あなたを盲目にしている怒りを招くようなことを私が何一つしていないと証明するのはたやすいことですが、私は自分の無罪の証明を時間に委ねます、時間があらゆる不実な裏切り行為、あらゆる卑劣な中傷を明らかにする時まで。それゆえ、あなたの目を覆っている目隠しが裂けた時に、もしあなたが感情の混乱の中で自責の声を聞き取れたなら、そしてもし自然の叫びがあなたの耳に響き、私にとってこの上なくつらい誤解が解かれたなら、私はあなたの長い間の過ちを決して咎めることはないでしょう。あなたの心を取り戻せた喜びだけで十分なのです。ああ、もしあなたが私の心の底を読むことができたなら、あなたはかくも残酷な方法で私を侮辱したことに顔を赤らめ、私の無罪の証明とともに、私をあなたに結びつける優しい愛情を何ものも消し去ることはできないということ、私の愛のすべてはその感情に帰することを理解するでしょう。この愛がなければ私はあなたの憎しみを嘆くでしょうか？　私にとってどうでもよい人々、意に介さない人々に嫌われたからといって、それが何でしょうか？　そんな人々の思い出などには少しも煩わされることなどないでしょう。でも私自身の兄弟に憎まれること、彼らを愛さずには生きていけない私にとってはそれこそが唯一私をこれほどに不幸にしている禍なのです。

あなたが盲目になり、私の友人たちに私のことを中傷するほどのその憎悪の感情は何と恐ろしいものでしょう。でもその錯乱のゆえに、幾人かの徳高い人々、汚れない良心をまだ持っている人々の私への高い評価を失わせることがあなたにできるなどと思ってはなりません。私自身の美徳への自信に満ちている私は、あなたに私の評判を傷つけることなど到底できないと、そしてあなたは、私を知っている善なる人々に対し、私の美徳の評判をおとしめるどころか、あなた自身の名声を失ってしまうだろう、と断言します。

つまるところ、あなたの平穏のために私はあなたから離れなければならない、人の噂、政治のために、私はパリで暮らしてはならない！　私にはまだ自分がどうすべきかわからない、しかし一番緊急らしいことは、あなたにとって最もおぞましいものをあなたの視界から除くこと、そして明日にはもう、あなたが、私と顔を合わせることを恐れることなくこのアパートに帰れることなのでしょう。あなたがはっきりと反対しない限り、私は今日この住まいを出ます。私のパリ滞在についてあなたに危惧させないために、私は友人たちが私の恥辱に巻き込まれないよう取り計らいます、私にとりついている不幸は伝染するに違いないから、そして私を憎むあまり目が見えなくなっているあなたのその憎悪は、私に多少なりとも好意を持ってくれているあらゆる人々に向けられるでしょうから。私が冷静になり、自分の混乱した考えをまとめ、最終的に住む場所を決めるには数日で十分でしょう、茫然自失のゆえに、今は、何かを決断できる精神状態ではありませんが。

では私はあなたから去ります、それをあなたが求めるから、けれどもあなたの不当な仕打ちにも拘らず、私のあなたへの愛情は変わらないから、私が受けたあなたの残酷な扱いに恨みを抱くことなど絶対にありません。あなたが遅かれ早かれ迷いから覚めて、私が値する優しい感情を私に抱いてくれる時、そしてあなたが自分に対する恥の念に苛まれながらも、私が元と変わらぬあなたの愛情を取り戻せたことを、この私に、私がどこに居ようともたとえ海の彼方に居ようとも、この私に伝えてくれる時、もし私があなたのために何らかの役に立てるなら、直ちにその旨を連絡してください、私はあなたの元へ馳せ参じます。

（※）この手紙につきシャルロットは、自分の言葉が改ざんされたと主張していますが、真実はさだかではないようです。ただしこの手紙には二つのパラグラフの続きがあり、それらは反ロベスピエール派によって削除されました。この部分でシャルロットは、家計について詳細を語っており、靴屋、洋服屋、洗濯人等の費用が未払いだとか、人が貸してくれたお金のこと、郵税について説明しています。これらのパラグラフが削除された理由につき、表面上は、重要ではなかったからとされているらしいのですが、事実は、この箇所でシャルロットが、「あなたがニースへ発って以後……」と書いており、兄のロベスピエールがニースに行ってはいないことは周知の事実なので、この手紙が弟のロベスピエールに宛てたものであることは明白でした。兄宛の手紙として利用したかった反ロベスピエール派にとっては不都合なので故意にこの部分を削除したものと考えられます。

【付録2】マクシミリヤン・ロベスピエールの肖像

シャルロットが「……マクシミリヤンはこの点で弟とは異なり、中背で繊細な気質、優しくて思いやりのある顔つきでしたが、弟のように整ってはいませんでした。彼はいつも微笑んでいました。彼の肖像画は数多く出版されています。一番彼に似ている絵は、デルペシュの描いたものだと思います」と語るその肖像画はデルペシュの手になるこの作品と思われます。

マクシミリヤン・ロベスピエール（Maximilien de Robespierre、1758–1794）の肖像（挿絵19）

【参考文献】

(1) Hector Fleischmann, « Charlotte Robespierre et ses Mémoires » Albin Michel, 1909

(2) Gérard Walter,: « Robespierre » Gallimard, 1961

【挿絵の出典一覧】TABLE DES ILLUSTRATIONS

（表紙）Couverture : Portrait de Charlotte Robespierre (Musée des Beaux-Arts d'Arras, France)

（挿絵）Des illustrations :

1. Place d'Arras, « Chandelle d'Arras », gravure des Archives départementales du Pas-de-Calais, France
2. Maison de Robespierre à Arras, reproduction d'une gravure des archives départementales du Pas-de-Calais, France
3. Monument des Rosati à Arras, photo prise par M. Christian Lescureux, l'Association des amis de Robespierre, Arras, France
4. Portrait d'Augustin Robespierre, une des illustrations d'articles du bulletin trimestriel «L'Incorruptible » publié à Arras, France (Wikipedia : Gravure d'E. Thomas d'après un dessin de H. Rousseau, parue dans l'*Album du centenaire* (1889).)
5. Portrait de Jérôme Pétion (Wikipedia)

6. Portrait de Madame Roland (Wikipedia : Musée Lambinet de Versailles, France)
7. Portrait de Madame Duplay (Musée Lambinet de Versailles, France)
8. Croquis de l'Intérieur de la Maison de Duplay rue St Honoré à Paris, reproduction d'une gravure des archives départementales du Pas-de-Calais
9. Portrait d'Eléonore Duplay (Wikipedia : Musée Carnavalet, Paris, France)
10. Arrestation de Cécile Renault (des archives départementales du Pas-de-Calais)
11. Portrait de Joseph Fouché (Wikipedia)
12. Portrait de Jean-Paul Marat (Wikipedia : portrait par Joseph Boze (1793), Musée Carnavalet, Paris, France)
13. Portrait de Madame Royale (Wikipedia : portrait par Alexandre-François Caminade en 1827).
14. Portrait de Georges Danton (Wikipedia : portrait par Constance-Marie Charpentier, Musée Carnavalet, Paris, France)

15. Portrait de Camille Desmoulins (herodote.net : portrait par Jean-Sébastien Rouillard)
16. Portrait de Saint-Just (Wikipedia : portrait par Pierre-Paul Prud'hon (1793), Musée des Beaux-Arts de Lyon, France)
17. Maison de Charlotte Robespierre à Paris, photo prise avant sa démolition par M. Christian Lescureux
18. Les Catacombes à Paris (Wikipedia)
19. Portrait de 1824 par Gévedon, lithographié par Delpech, publié en 1910 par Buffenoir et reproduit dans la brochure « 50 portraits de Robespierre » éditée par l'Association des amis de Robespierre en 2008.

著者プロフィール
マリ・くにこ（まり　くにこ）
東京都生まれ、在住
東京教育大学英米文学科卒業
「ロベスピエール友の会」会員（フランス、アラス市、“Association des Amis de Robespierre”）
著書に『サファリパークホテル』（2008年）、『戯曲　ロベスピエールの来訪』（2010年、いずれも文芸社刊）がある。

シャルロット・ロベスピエールの回想録をひもとく

2016年９月15日　初版第１刷発行

著　者　マリ・くにこ
発行者　瓜谷 綱延
発行所　株式会社文芸社
〒160-0022　東京都新宿区新宿１－10－１
電話　03-5369-3060（代表）
03-5369-2299（販売）

印刷所　株式会社フクイン

© Kuniko Mari 2016 Printed in Japan
乱丁本・落丁本はお手数ですが小社販売部宛にお送りください。

送料小社負担にてお取り替えいたします。

本書の一部、あるいは全部を無断で複写・複製・転載・放映、データ配信することは、法律で認められた場合を除き、著作権の侵害となります。

ISBN978-4-286-17514-0